für Melita

DRAGO JULIUS PRELOG
EINE GEMALTE BIOGRAPHIE 1959–2019

Mit Beiträgen von

Semirah Heilingsetzer
Wolfgang Hilger
Martin Hochleitner
Drago J. Prelog

art edition *Verlag* Bibliothek der Provinz

IMPRESSUM

Herausgeberin: Semirah Heilingsetzer
Redaktion: Drago Prelog, Semirah Heilingsetzer
Grafikdesign: Drago Prelog, Timothy Simpson, Lisi Danzer
Reproduktionen: Reinhard Öhner, Franz Schachinger
Druck: Print Alliance
Papier: Magno 150 g

© 2019 der Texte bei den Autoren
© 2019 der abgebildeten Werke siehe Abbildungsnachweis
© art edition *Verlag* Bibliothek der Provinz
ISBN 978-3-99028-901-3

INHALT

Drago J. Prelog
Einleitung
Eine gemalte Biographie 7

Semirah Heilingsetzer
Die vielbeachteten Anfänge 19

Wolfgang Hilger
Drago Prelog und das Schreiben 129

Verzeichnis
60 Hommage-Bilder 286

Martin Hochleitner
Was Bilder erzählen können.
Ein (bewusstes) Schlusswort zum Aspekt
des Biographischen im Werk von Drago Prelog 287

Biographie 293

Bibliographie 305

Abbildungsnachweis 309

Die Autoren 311

Drago J. Prelog, 1999

Drago Prelog

Einleitung

EINE GEMALTE BIOGRAPHIE

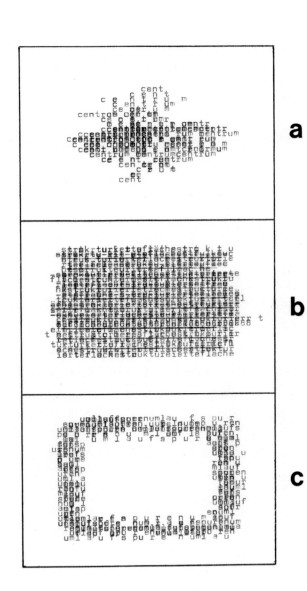

Drago J. Prelog, Darstellungsformen eines Rechtecks

Den Anstoß zu diesem Buch liefern die 60 HOMMAGE-BILDER meiner gemalten Biographie. Nicht zum ersten Mal unternahm ich den Versuch, Stationen meiner bildnerischen Entwicklung ordnend nachzuzeichnen. So geschah dies etwa am Beginn der 1970er Jahre im Bild „DIE ENTSTEHUNG DES BAUMES UND DER BOMBE" (Abb. 1) in einer bewusst nüchtern gebrauchsgraphischen Weise. Dabei fühlte ich mich wie eine fremde Person, der allerdings mein Werk sehr vertraut ist.

Ein Jahrzehnt später, nachdem ich bereits geraume Zeit mit den UMLAUFBILDERN beschäftigt war, teilte ich mein Werk in drei Abschnitte und notierte damals im Begleittext unter dem Titel „BEKENNTNIS ZUM TAFELBILD" folgendes:

Es fasziniert mich, nun nach zwanzig Jahren feststellen zu können, dass mich (ohne besondere Absicht) drei wesentliche Möglichkeiten der Behandlung des Rechtecks BILDFLÄCHE beschäftigten, nämlich:

a) die Konzentration des Bildgeschehens auf die Bildmitte, bezugnehmend auf die Bildränder

b) die demokratische Behandlung der gesamten Bildfläche bis zu ihren vier Bildrändern hin

c) und nun das Agieren ausschließlich von den Bildrändern her und dieselben entlang.

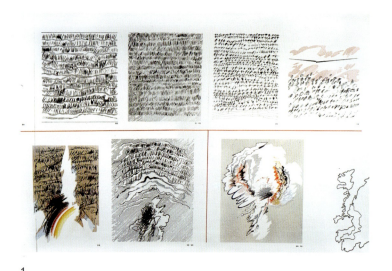 

1
Die Entstehung des Baumes und der Bombe, 1970
Aquarell, Tusche, Buntstift auf Papier
ca. 80 x 180 cm (Abb. unvollständig, das Bild fiel einem Brand zum Opfer)

2
Drago Prelog, Meine Huldigung an das Jahr 1959
Tusche auf Papier, 61,2 x 43,1 cm
sign. dat. Drago 3.12.1960

Das Problem unter Punkt a) scheint logisch und konventionell. Etwa vom Zentrum ausgehend suchen die Linien ihre Bahn, schielen zum Bildrand, bleiben jedoch hauptsächlich nebeneinander, übereinander, durcheinander. Jede Linie nimmt auf die vor ihr entstandene Bezug, jede Linie entsteht vor allem zum Zweck der Verdichtung der entstehenden Formation – einfach einer subjektiven Eingebung folgend. Man kann die entstehenden Gebilde nicht „Kompositionen" nennen, sie werden nicht gemacht, sie wachsen. Dennoch haben sie als Ganzes gesehen, als komplexes Gebilde in der Bildfläche ihre kompositionelle Richtigkeit. In den Skripturalstrukturen unter Punkt b) wird versucht, jegliche klassischen Kompositionsgesetze zu eliminieren. Sie werden durch eine subjektive, rhythmische Struktur ersetzt. Die skripturalen Bilder, fast ausschließlich Hochformate, werden von mir als statisch empfunden – sie haben ein OBEN und UNTEN.

Während ich das Bild entstehen lasse, agiere ich stets vom unteren Bildrand her. Das wirkt sich deutlich sichtbar in der Gestik aus und suggeriert unmissverständlich die vertikale Bildbetrachtung. (Würde man hypothetisch eine kompositionelle Wertung ansetzen, wäre es allerdings gleichgültig, von welcher Seite her man das Bild betrachtet).

Der Punkt c) – die Umlaufbilder betreffend – birgt schließlich eine konsequente Bereinigung des Problems Horizontal-/Vertikal-Betrachtung. Es bleibt dem Betrachter überlassen, für welche Seite er sich entscheidet. Die Bezeichnung „Umlaufbilder" leitet sich von der Art und Weise ihrer Entstehung ab. Ich gehe, laufe oder tänzle den Bildrand entlang, agiere also nicht mehr vom ‚unteren' Bildrand her, sondern bewege mich fortwährend. Die Bewegung überträgt sich in die Linie, bewirkt deren unruhigen Lauf, formt die Linienspur. Was außerhalb des Bildes passiert, überwiegt (physisch) gegenüber dem, was am Bild geschieht. Die Kontrolle über das Geschehen auf der Bildfläche ist stark eingeschränkt, der Bildgrund läuft unter mir vorbei, wie die Straße unter einem fahrenden Auto.

Kehren wir zurück zu den Wurzeln. 1958 wechselte ich von Graz nach Wien – in meiner Malerei strebte ich vom Gegenstand zur Abstraktion. Zu dieser gelangte ich nicht durch Herleitung vom Gegenstand, sondern durch Festlegung eines Programms. Eine nicht unwesentliche Rolle spielten dabei zwei Freunde aus der Bundesgewerbeschule in Graz, nämlich E. Thage, vormals Erich Brauner (1939–1967) und Walter Malli (1940–2012). Während ich mich damals noch mit kubistischen Problemen auseinandersetzte, überraschte mich Thage nach Weihnachten 1957/58 mit seinem ersten

3
E. Thage, Erstes abstraktes Bild, 1957–58
Öl auf Jute, 85,4 x 135 cm
unsign. undat.

4
Walter Malli, Ohne Titel, 1959
Tusche auf Papier, 25,5 x 26 cm
sign. dat. Malli 1959

abstrakten Bild (Abb. 3). Malli hingegen beeindruckte mich mit seiner suggestiven Art, Erkenntnisse zu vermitteln (Abb. 4). Die Initialzündung aber bewirkte eine Arbeit von Arnulf Rainer, die ich im Jahr 1958 in einer Ausstellung von „GEIST UND FORM"[1] gesehen hatte: ein Bild – eine Art monochromer Komplex – eine rechtsgeneigte, schwarze Farbballung, die unregelmäßig zu den Bildrändern hin verlief. In einem Brief versuchte ich das Gesehene zu schildern, zeichnete es nach und entdeckte im selben Augenblick alles, was für meine Malerei künftighin ausschlaggebend blieb.

Eine Ausstellung des Malers Wols (Alfred Otto Wolfgang Schulze, 1913–1951) in der Galerie nächst St. Stephan Anfang 1959 verfeinerte meine Empfindungen und prägte sie nachhaltig. Der Kontakt zu Monsignore Otto Mauer (1907–1973) und zu den Künstlern um die Galerie nächst St. Stephan, die frühe Anerkennung durch diese (seit 1960 beteiligte ich mich dort regelmäßig an Ausstellungen), förderten und prägten meinen künstlerischen Werdegang.

Den definitiven Entschluss zur Realisierung der diesem Buch zugrunde liegenden „gemalten" Biographie fasste ich 1999. Beginnend mit dem Jahr 1959, dem Jahr meiner ersten Ausstellung (gemeinsam mit E. Thage) in der Galerie ZUM ROTEN APFEL[2] nahm ich mir vor, für jedes einzelne Jahr eine zu ihrer Zeit aktuelle Bildidee aufzugreifen und in Form von sogenannten „Hommage-Bildern" in jeweils gleichem Format von 140 cm x 120 cm zuzüglich 11 cm Nase, nachzumalen. Die Nasen markieren deutlich den Charakter der Nachempfindung und unterstreichen die Zusammengehörigkeit der Werke. Sie bilden für mich ein Gesamtkunstwerk, das nicht getrennt oder zerteilt werden sollte; sie stellen eine Orientierungshilfe zu meinem gesamten Werdegang dar.

Übrigens, mein erstes Hommage-Bild stammt aus dem Jahr 1960 und trägt den Titel: MEINE HULDIGUNG AN DAS JAHR 1959 (Abb. 2).

---

[1] GEIST UND FORM war eine wohl von Monsignore Otto Mauer initiierte Einrichtung zur Förderung junger Talente. In Form von Wettbewerbsausstellungen, die alle drei Jahre stattfanden, bot sie ein ideales und gerne wahrgenommenes Forum für junge Künstlerinnen und Künstler.

[2] Semirah Heilingsetzer (Hg.), Galerie ZUM ROTEN APFEL. Künstlerpositionen der 60er Jahre in Wien, Verlag Peter Lang, Frankfurt 2003.

Ausstellung im OHO Offenes Haus Oberwart, 2016
© Christian Ringbauer

HOMMAGE–BILDER

Hommage à 1959

ZENTRALFORMATIONEN

Acryl auf Leinwand
140 x 120 + 11 cm
sign. dat. Prelog 2003

I

Etwa in der Bildmitte entstehen die Linien und suchen einander überlappend ihren Weg zu den Bildrändern hin. Dort kann man abzählen, wie viele Linien in der Mitte begonnen worden sind.

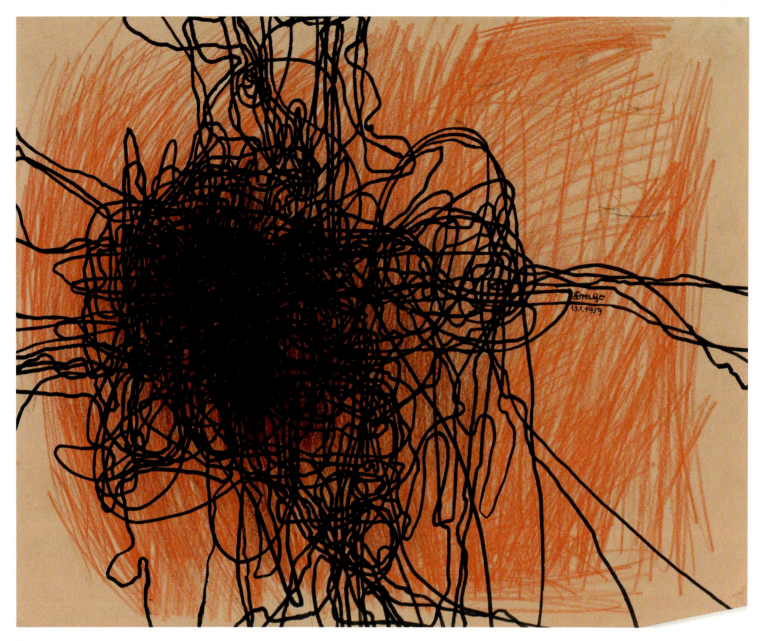

5
Ohne Titel, 1959
Buntstift, Tusche auf Papier
38 x 46,5 cm
sig. dat. Drago 13.1.1959
Museum Liaunig

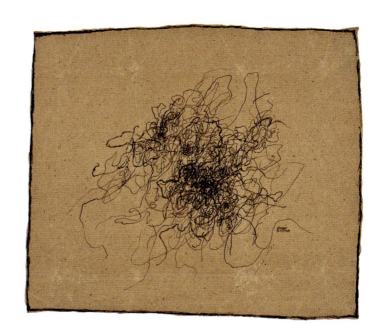

6
Ohne Titel, 1959
Tusche auf gebrauchtem Packpapier
31 x 37,5 cm
sign. dat. Drago 12.12.1959

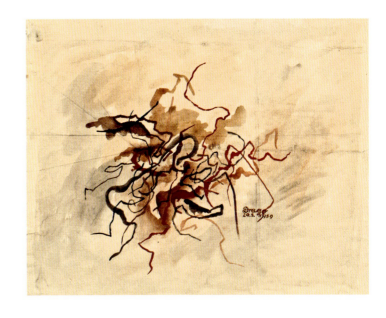

7
Ohne Titel, 1959
Aquarell auf gebrauchtem Packpapier
38,2 x 47,3 cm
sign. dat. Drago 29.5.1959

8
Kräfteverhältnisse II, 1959
Tusche auf Papier
37,8 x 52,1 cm
sign. dat. Drago 11.5.1959

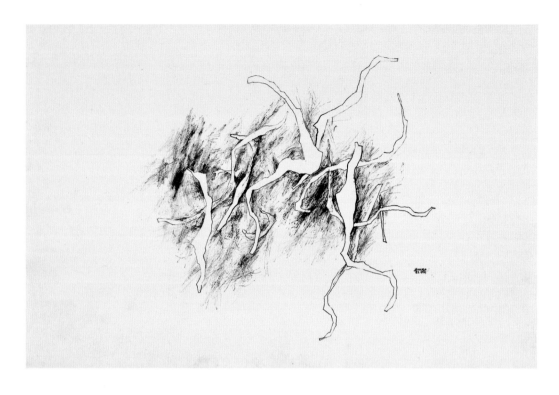

9

Slawischer Tanz, 1959
Tusche auf Papier
35 x 49,5 cm
sign. dat. Drago 18.5.1959

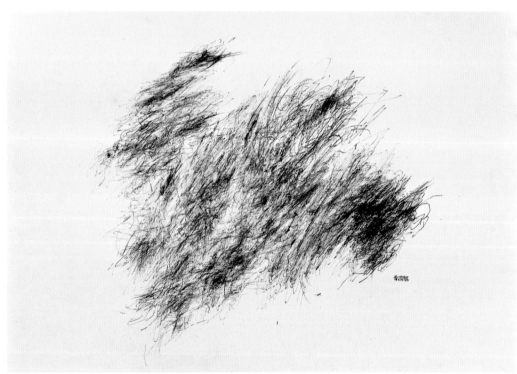

10

Monochrome Struktur, 1959
Tusche auf Papier
37,4 x 53,6 cm
sign. dat. Drago 19.6.1959

11
Zentralgestaltet, 1959
Collage auf grauem Grund
37 x 50,6 cm
sign. dat. Drago 27.5.1959
Arthotek des Bundes

Drago Prelog

In Wien sind in der Galerie nächst Sanct Stephan neue Arbeiten von Drago J. Prelog zu sehen, der in Graz von der Galerie „C" vorgestellt wurde. Seine Schriftzeichen vor farbigen Hintergründen fanden damals großes Interesse. Die Wiener Ausstellung zeigt neben Zeichnungen auch Collagen und Wandteppiche. Die Wandteppiche sind Projektionen von Prelogs Arbeit auf dem Zeichenpapier und vermitteln auf großen Flächen den Einblick in die mit schnellen Zeichen notierte Welt des Künstlers. Da auch frühe Arbeiten ausgestellt werden, ist ein ziemlich vollständiger Überblick möglich. In den letzten Arbeiten werden die Zeichen großzügiger, die Räume dahinter weiter ausgedehnt. Der Reiz von schwebenden Erinnerungen mit leicht literarischem Grundton, sorgfältig gefiltert aus dem alltäglich Banalen, ist der Ausgangspunkt für die Formeln des Experiments für ein neues Weltverständnis. Prelog hat die entscheidenden Anregungen von Rainer und Wols für optimistische Deutungen bewahrt und weiterentwickelt. H. P.

Rezension zur Ausstellung von Drago Prelog in der Galerie nächst St. Stephan, 1966

Semirah Heilingsetzer

DIE VIELBEACHTETEN ANFÄNGE

„Unter dem Hauszeichen des roten Apfels stellen zwei junge Kunstakademiker aus, Drago und Brauner. Drago klebt dünne Papiere auf Pappendeckel, appliziert Eisendraht und Metallspäne auf Gitterwerk, bastelt Collagen aus Herbstblättern und Tannenreisig. (…). Der alte Hof, in dem Herbstblätter zu Boden rascheln, die verblichenen Muster an der Zimmerwand, eine alte Standuhr, Gipsrahmen, eine zyklamenfarben gestrichene Schneckengangtreppe: das Ganze ein Idyll aus dem alten Wien, darin pariserische Improvisation zweier talentierter junger Leute, denen man zum Optimismus noch Glück und einige wohltuende Gönner wünschen möchte."[1]

Die beschriebenen Werke wurden im Jahr 1959 in der Wiener Galerie „Zum Roten Apfel"[2] ausgestellt. Drago Prelog war zuvor Schüler an der Grazer Kunstgewerbeschule in der Klasse für dekorative Malerei bei Otto Brunner; in der Folge war er in Wien in der Klasse von Albert Paris Gütersloh an der Akademie der bildenden Künste am Schillerplatz eingeschrieben – er studierte dort als regulärer Student bis 1962.[3]

Nach einer kurzen Phase, in der sich Prelog mit naturalistischen Aktzeichnungen auseinandersetzte[4], wandte er sich nach 1958 der Abstraktion zu. Sie führte ihn zu den sogenannten „Zentralformationen" des Jahres 1959 (siehe Abb. 11), die in der von Neuwirth beschriebenen Ausstellung in der Galerie „Zum Roten Apfel" zu sehen waren. Hier lässt sich ein Bezug zu Rainers „Zentralgestaltungen" und „Zentralisationen" der 1950er Jahre herstellen, der auf die damals jüngere Künstlergeneration einen wesentlichen Einfluss hatte.

Rainer, der in seinen frühen Anfängen vom Surrealismus ausging, gelangte wie viele andere Künstler durch seinen Parisaufenthalt im Jahr 1951 und den französischen Zeitgeist zur Abstraktion.[5]

---

1 Arnulf Neuwirth, Zwei Ausstellungen im dritten Bezirk: Stiller Hafen und roter Apfel, in: Express, Oktober 1959.
2 Siehe auch: Semirah Heilingsetzer/Almut Haböck: Die Galerie „Zum Roten Apfel" 1959-1965. Künstlerpositionen in Wien, in: Semirah Heilingsetzer (Hg.), Die Galerie Zum Roten Apfel, Frankfurt am Main 2003.
3 Prelog im Interview mit der Autorin, 28.1.2007.
4 Prelog fertigte insgesamt 79 Aktzeichnungen an, vgl. Gabriela Fritz, Drago Julius Prelog. Im Zeichen des Bildes / In the Sign of the Picture, Klagenfurt/Ljubljana, Wien 2004, S. 15.
5 Vgl. Otto Breicha, Kunst, um die Kunst zu verlassen, in: Otto Breicha (Hg.), Anfänge des Informel in Österreich 1949-1954, Graz 1997, S. 5ff.

Ein weiterer Künstler, der Spuren in Prelogs Werk hinterlässt, ist Wols als ein von zahlreichen Künstlern rezipierter Impulsgeber. Dessen Kompositionsregeln variiert Prelog, indem er Verdichtungen bildmittig anlegt und den Strich von dort sich an den Rand des Blattes in „Knäuelformationen" ausbreiten lässt. Die Werke von Wols, die gleichermaßen inspirierend und irritierend wirkten, wurden in Wien Anfang des Jahres 1959 in der Galerie St. Stephan gezeigt. Eine diesbezügliche Rezension im Kurier von Alfred Schmeller mit dem Titel „Jeder Tupfen ist wie ein Schicksal. Der Vater des Tachismus ist gar kein Tachist. Zur Wols-Ausstellung in der Galerie St. Stephan" liest sich im kompletten Wortlaut folgendermaßen:

„Vorgestern war großes Kopfschütteln bei den ‚Kurier'-Lesern über eine Zeichnung im rechten oberen Eck der Kulturseite. Dieses Gekritzel soll Kunst sein? Nun, es ist recht schwierig zu erklären, inwiefern dieses Gekritzel auf einer Kupferplatte Kunst ist. Derzeit wenigstens.

Ob die komplizierte Formel eines Physikers richtig ist, das kann man beweisen. Aber bei Kunst geht das nicht. Wenn die Bombe losgeht, dann hat die Formel gestimmt. Die Radierung stammt aus der Hand von Alfred Wolfgang Schulze, der 1913 in Berlin geboren wurde und sich seit 1937 Wols nannte. Wols war der große, der größte Eindruck der vorjährigen Biennale. Gewissermaßen eine losgehende Bombe.

Wols ist 1951 in Paris an einer Fleischvergiftung gestorben. Damals dürfte er in Wien nur ganz wenigen Leuten bekannt gewesen sein. Einer unter ihnen war Arnulf Rainer. Aber Wols hat nicht nur Rainer beeinflußt, sondern drei Viertel der Malerei seit 1945. Das geht aus der Ausstellung seiner Radierungen und Aquarelle in der Galerie St. Stephan, Grünangergasse, nicht hervor, kann es gar nicht. Denn Wols war in erster Linie Maler (obwohl er sich als Photograph durchs Leben schlug). Aber eine Kollektion seiner Ölgemälde zusammenzubringen, ist fast unmöglich (das ging nur in Venedig – somit erweist sich das Monsterunternehmen Biennale doch als brauchbares Instrument). Die Ölbilder sind heute weitverstreut und wohlgehütet in Privatbesitz. Die Galerien halten sie zurück. Das bedeutet, daß Sammler und Museumsdirektoren heutzutage mitunter schneller zugreifen müssen. Zeit ist Geld. [...]

Alles in der Welt geschieht aus Versehen. Das steht in den Radierungen drin. Mücken und Menschen gehen kaputt, aber kaputt ist schon wieder zu viel gesagt. Fallen unbemerkt von der Tischkante. Werden vom Schick-

sal eingeatmet. Irgendwie entgleitet der Griffel der Hand des Radierers: es ist ja ohnehin sinnlos. Sinnlos, sich dagegen aufzulehnen, das schrieb Kubin einmal unter ein Blatt. Aber ganz ohne das Kubinsche Pathos schreibt die Kaltradiernadel in Wols' Hand dasselbe hin: der Mensch ist ein Staubkorn (sichtbar nur, solange es in der Sonne glitzert).

Bei Wols gibt es keine selbstgefällige Linie, nicht einmal einen eitlen Punkt. Natürlich hat er vieles durchgemacht. Er war der Sohn des Chefs der Sächsischen Staatskanzlei. Er lernte Geige spielen, besuchte das Gymnasium, bildete sich zum Photographen aus.

1933 emigrierte er aus Deutschland. Er lebte ein Leben voller Unsicherheit, Verfolgung, Internierung, Krankheit, Hunger. Heute ist Wols eine Legende. Die meisten werden ihn ‚entartet' finden.

Wols hat den Fernblick, und er hat den Nahblick auf die kleinsten Dinge. Die man am Strand gar nicht bemerkt, Härchen, Gräserchen, Fäserchen, Sandkörnchen. Er sieht, wie die Segel am Horizont von der Entfernung weggewischt werden. Er ist ein Maler im Ausguck. Als er vor den deutschen Soldaten floh, nahm er nicht seine Arbeiten, sondern seine gesammelten Steine und Muscheln mit. Das, was ihn zu neuer Arbeit anregen konnte. Ein Maler – in einer Zeit, die menschliche ‚Größe' anbetete – wendete sich dem ganz Fernen, dem ganz Kleinen zu. Er sah Städte wuchern und zerbröckeln. Er sah immer wieder die menschliche Nichtigkeit. Nach Berichten von Leuten, die ihn kannten, war er ein demütiger Mensch. Voller Erbarmen mit dieser ramponierten Welt, voller Ehrfurcht vor dem Unendlichen, das ihn zu farbigen Visionen anregte. Nein, es kann doch nicht alles sinnlos sein! Das steckt in seinen Bildern drin. Nein, Wols war kein Nihilist, er verzweifelte vielleicht an den Menschen, nicht aber am Menschen, und nicht an der Welt, die im großen und winzigen etwas wunderbar Unbegreifliches blieb. Ein Maler, der sich von Macht, Größe, Uniform, Obrigkeit, Geld – abwendete."[6]

Diese ausführliche Kritik von Schmeller lässt erkennen, dass das existenzialistisch gefärbte Werk von Wols auch in geistiger Hinsicht Einfluss auf das künstlerische Schaffen in Wien genommen hat.

---

6 Alfred Schmeller, Jeder Tupfen ist wie ein Schicksal. Der Vater des Tachismus ist gar kein Tachist. Zur Wols-Ausstellung in der Galerie St. Stephan, in: Neuer Kurier, 26. 1. 1959, zit. in: Otto Breicha (Hg.), Sehschlacht am Canal Grande. Alfred Schmeller, Wien 1978, S. 53/54.

Prelogs Werk wird von einem weiteren Künstler inspiriert, der in seiner Unkonventionalität frühen Ruhm erlangte, und dessen Interesse „an der Verwendung der Linie als sich verselbstständigendes, autonomes Gestaltungsmerkmal, jenseits des Abbildes der Natur"[7] den Intentionen Prelogs entspricht; er selbst konstatiert in diesem Zusammenhang, dass ihm Hundertwassers Manifest gegen die gerade Linie, das von ihm 1958 anlässlich des Internationalen Kunstgespräches in Seckau[8] vorgetragen wurde, wie „ein kleiner Meilenstein" vorkam.[9] Hundertwassers Werke, die Prelog bereits 1956 in Graz kennenlernte, hinterließen neben der Arbeit weiterer damals bereits etablierter österreichischer Künstler wie Josef Mikl einen starken Eindruck:

„Ich habe 1956 in einer Ausstellung in Graz, in einer Buchhandlung [...] kleine Arbeiten ausgestellt [gesehen], [...] der Hundertwasser, der Rainer, der Mikl, der Hollegha [...] Damals hat mich der Mikl am meisten beeindruckt, obwohl der Hundertwasser [...] mit der Farbigkeit und den Spiralen sehr bestimmend war."[10]

Prelogs Kompositionsverfahren der frühen „Zentralformationen", bei denen die Bildmitte zum bestimmenden Faktor der Bildfläche wird, wird auf Zeichnungen sowie auf Collagen angewandt. Arnulf Rohsmann schreibt im Zusammenhang mit formalen Problemen der Kompositionslehre:

„Gegenüber der ‚Komposition' nimmt Prelog einen antiakademischen Standpunkt ein. Das mag in einer Phase der zeitgenössischen Kunst (gegen 1960) antagonistisch scheinen, in der einige Protagonisten der herrschenden Malweise ihre Arbeiten als ‚Kompositionen' titulierten. Das antikompositionelle Element liegt bei Prelog wohl in der Ablehnung eines akademischen Formenkanons und einer normativen formalen Ästhetik, die auf Maßverhältnissen

---

7 Harald Krejci, Spuren fernöstlichen Denkens in der Wiener Nachkriegsmoderne, in: Hundertwasser. Japan und die Avantgarde, Wien 2012, S. 136.
8 Das Symposium in der Abtei Seckau in der Steiermark wurde von der Galerie St. Stephan veranstaltet und hatte Diskussionen mit namhaften Kunsttheoretikern und Künstlern über die künstlerische Situation desselben Jahres zum Inhalt. Im Vordergrund standen die Themen Tachismus und Architektur, zu der Hundertwasser sein berühmtes „Verschimmelungsmanifest" gegen den Rationalismus in der Architektur vortrug, vgl. Robert Fleck, Avantgarde in Wien. Die Geschichte der Galerie nächst St. Stephan, Wien 1982, S. 81ff. und 197f.
9 Prelog war nicht persönlich anwesend, konnte sich jedoch durch die zahlreichen Presserezensionen und mündlichen Überlieferungen ein umfassendes Bild machen, Prelog im Interview mit der Autorin, 4.4.2006 und 27.1.2007.
10 Prelog im Interview mit der Autorin, 4.4.2006.

usw. basiert. Der Gegenstandsbereich des Kompositionsbegriffs kann aber so weit gedehnt sein, daß er so lapidare Programmformulierungen wie die der Zentralformationen umfaßt, womit er zu einem Rahmen für eine Serie wird. Hinsichtlich der Verteilung des Bildgeschehens auf der Bildfläche ist aber jede absichtsvolle Gliederung – so auch die Zentralformation – als Komposition anzusprechen. Dieser ‚Aufbau von der Bildmitte her' hat Prelog bei Wols und bei Arnulf Rainer beeindruckt: ‚Seither brauche ich keinen Goldenen Schnitt mehr'."[11]

Die darauf folgende skripturale Phase, die Prelogs Werk für die nächsten Jahre bestimmt, umfasst zahlreiche Variationen: neben den klassischen Skripturen etwa zeilenlos-skripturale Arbeiten ab 1962 (siehe etwa Abb. 22, 23), gestisch-skripturale Arbeiten von 1963, die eine nahezu tachistische Zeichensetzung aufweisen (siehe etwa Abb. 25) bis zu skripturalen Bildern, die von Öffnungen durchbrochen werden (siehe etwa Abb. 26).

Die eingesetzten Techniken reichen nun von Tusch- bzw. Buntstiftzeichnungen bis zu Aquarellen und gelegentlichen Ölbildern; in jedem Medium wird eine gewisse Rhythmik und Strukturierung in der Strichführung sichtbar, ohne schablonenhaft zu wirken.

Neben der Begegnung mit Werken der österreichischen Avantgarde waren es die amerikanischen „abstrakten Expressionisten", im speziellen Jackson Pollocks „action paintings", wie auch die Kunst von Mark Tobey, die eine gewisse Faszination ausübten. Werke von Pollock waren Ende der 50er Jahre kaum in Wien zu sehen, doch das eine oder andere Bild oder Abbild vermittelte das mit Pollocks Werk assoziierte spontane und gestische Moment. Gesichert ist, dass Werke von Pollock in Wien anlässlich der Eröffnungsausstellung 1962 im Museum des 20. Jahrhunderts ausgestellt waren.

Prelog interessiert hier die Raumqualität der All-Over-Drip-Gemälde, vor allem jedoch sind es Mark Tobeys' flächendeckenden „white writings", die in der Zeichensetzung in Prelogs Werk einfließen.[12] Mark Tobey (1890 – 1976), der zu den Vertretern des abstrakten Symbolismus gezählt wird, beschäftigt sich zeitlebens mit chinesischer und

---

11 Arnulf Rohsmann, Drago Julius Prelog: Die Fantasie ist eine schlampige Sau, Wien 1985, S. 21.

12 Prelog sah nach eigenen Angaben Werke von Tobey Anfang der 60er Jahre in Basel, die ihn maßgeblich beeindruckten. In Wien waren u. a. im Jahr 1961 Werke von Tobey in der Galerie Würthle und im Jahr 1965 im Museum moderner Kunst des 20. Jahrhunderts zu sehen, vgl. die Aufstellungen der Galerie Würthle und des Museums des 20. Jahrhunderts.

japanischer Kalligraphie – nachdem er sich im Jahr 1934 in einem Zen-Kloster aufhielt.[13] Die white writings genannten Bilder zeichnen sich durch ein Geflecht dünner weißer Linien vor dunklerem Hintergrund aus.

Das formale Kennzeichen für Tobeys Werk wie für Prelogs Skripturalbilder ist die kalligraphische Zeichensetzung in einer All-Over-Verteilung; während der Untergrund aus einem Netzwerk von Strichen mit verschiedenen Farb- und Formwerten besteht, wird das eigentliche skripturale Element – schwarze Striche, die gleichmäßig in horizontalen Ebenen angeordnet werden – auf der Oberfläche angesiedelt.

Weitere Anregungen finden sich im Werk des um ein Jahrzehnt älteren damals viel beachteten Hans Bischoffshausen (1927–1987), dessen Arbeiten Prelog bereits am Anfang seines künstlerischen Schaffens in einer Ausstellung am Landesmuseum Joanneum in Graz gesehen hatte.[14] Die Strukturbilder, die Tendenzen der Arte povera aufgreifen, inspirieren Prelog zu dem späteren Werkzyklus „Hommage à Bischoffshausen" (siehe die Werkgruppenbezeichnung „BI-Hommagen" von 2004).

Anlässlich der Ausstellung „Geist und Form" der Katholischen Hochschulgemeinde im Jahr 1961 hebt der Kunstkritiker Alfred Schmeller „zwei schöne graphische Litaneien" von Prelog hervor.[15] In der drei Jahre später stattfindenden – offensichtlich auch als Wettbewerb genutzten – Ausstellung „Geist und Form" erhält Prelog „zu Recht" wiederum den ersten Preis: „Rainers Art der Überdeckungen ist von dem um zehn Jahre jüngeren Prelog zu durchlichteten, flüchtigen Texturen genützt, zu skripturalen Übungen, zeilenartigen Fügungen, die reizvoll-locker und persönlich geraten sind."[16] Im Zusammenhang mit der für Prelog wichtigen Auseinandersetzung mit Zeichen und Skripturen ist weiters Piero Dorazio (1927–2005) zu erwähnen, dessen Werke 1961 in der Galerie St. Stephan ausgestellt waren und die ein skripturales Formgefüge mit „Verdichtungen [und] Überlagerungen von bunten Linien"[17] kennzeichnen; Kristian

---

13 Cor Blok, Geschichte der abstrakten Kunst 1900–1960, Köln 1975, S. 116.

14 Laut Ausstellungsverzeichnis waren Werke von Bischoffshausen in einer Gruppenausstellung in der Neuen Galerie am Landesmuseum Joanneum im Jahr 1959 anläßlich des Joanneumskunstpreis für zeitgenössische Malerei zu sehen, vgl. Arnulf Rohsmann, Bischoffshausen. Struktur – Monochromie – Reduktion, Klagenfurt 1991, S. 244. Prelog dürfte diese Ausstellung gesehen haben, da Werke von Bischoffshausen erst wieder ein knappes Jahrzehnt später an diesem Ausstellungsort zu sehen waren.

15 Schmeller, Ist der kommende Cézanne unter ihnen?, in: Kurier, 26.4.1961.

16 BA, Ausgegorenes – Ungegorenes, in: Kurier, 29.4.1964.

17 Prelog im Interview mit der Autorin, 4.4.2006.

Drago Prelog, Ohne Titel, 1960
Mischtechnik auf Papier
59,7 x 40,6 cm
aus: Josef Mikl (Hg.), Otto Mauer, Wien 1985, S. 93

Sotriffer hebt in einem Vergleich zwischen Prelog und Dorazio die Teppiche von Prelog hervor, „die etwas lebendiger und rhythmischer wirken"[18] (siehe etwa Abb. 31). Auch Giuseppe Capogrossi (1900–1972), dessen Bilder archaisch wirkende Zeichen prägen, ist als „ein Meister des Hieroglyphenstils" Vorbild und vielfach ausgestellter Künstler.[19] Eine wichtige Vermittlung von Kunst versahen neben Ausstellungen auch Bücher, die jedoch rar und für die damalige Zeit entsprechend teuer waren. Diesen Sachverhalt, der angesichts der heutigen Vielfalt an Bezugsquellen nicht mehr vorstellbar ist, veranschaulicht Prelog nachfolgend:

„Es hat zwei Bücher gegeben, die waren für uns die Bibel, das Knaurs Lexikon moderner Kunst[20] und das Knaurs Lexikon der abstrakten Malerei[21] [...], das haben wir auf und ab durchbesprochen."[22]

Prelog geht kontinuierlich seinen künstlerischen Weg, obwohl er seit dem Jahr 1965 seinen Wohnsitz für mehrere Monate im Jahr in das ehemalige Jugoslawien verlegt. Trotzdem ist er laufend in Ausstellungen in Österreich vertreten, seine Werke werden mehrmals in der Galerie „Zum Roten Apfel" gezeigt sowie in anderen Galerien und Kunstinstitutionen Wiens und der Bundesländer. 1965 findet eine Ausstellung in der Wiener Secession statt, seit dem Jahr 1960 sind seine Bilder in regelmäßigen Abständen in Gemeinschaftsausstellungen der Galerie St. Stephan zu sehen[23] – im April 1966 wird ihm dort eine Einzelausstellung zuteil.[24] Auch in diversen Ausstellungen in Graz werden seine Bilder gezeigt, etwa in der Galerie „C" oder in der Galerie beim Minoritensaal, über die Hansjörg Spies eine anerkennende Rezension für die Kleine Zeitung am Sonntag verfasste.[25]

---

18 Kristian Sotriffer, Tagebuchnotizen von Malern, in: Die Presse, 1965 (o. genaues Datum)
19 Marcel Brion, Die magische und die religiöse Abstraktion, in: Geschichte der abstrakten Kunst, Köln 1960, S. 168.
20 Vgl. Lothar-Günther Buchheim (Hg.), Knaurs Lexikon moderner Kunst, München 1955.
21 Vgl. Michel Seuphor (Hg.), Knaurs Lexikon der abstrakten Malerei, München / Zürich, 1957.
22 Prelog im Interview mit der Autorin, 4.4.2006.
23 Bernhard A. Böhler: Monsignore Otto Mauer. Ein Leben für Kirche und Kunst, Wien 2003, S. 219ff.
24 Ebda., S. 223.
25 Hansjörg Spies, Explosion eines Kalligraphen, in: Kleine Zeitung am Sonntag, 16.3.1969.

Im Jahr 1970 wurde die Mappe „Denkblasen", die gemeinsam mit Martha Jungwirth und Franz Ringel entstand, in der Galerie auf der Stubenbastei präsentiert. Zu Prelogs Beitrag kann man im Volksblatt am 21.1.1970 lesen: „Die von Drago Prelog schon länger praktizierten Kompositionen mit schriftähnlichen Gebilden erfahren neuerdings explosive Einbrüche, die das Ebenmäßige zerreißen und aufbrechen."

Anlässlich einer neuerlichen Gemeinschaftsausstellung in der Galerie auf der Stubenbastei im Jahr 1971 schreibt Sotriffer:

„Prelog hat sich lange Zeit mit dem flächigen Arrangement von Strichen, Strichbündeln, Linien und deren Überlagerungen, Schwingungen, Strukturbildungen beschäftigt. Jetzt denkt er sich, wie die neuesten Zeichnungen in der Galerie auf der Stubenbastei belegen, imaginäre Kartenbilder, Pläne und Kontinente aus, zuletzt versucht er sich sogar in Apotheosen der heimischen Bergwelt in zart-ästhetischer Manier.
Er ist überhaupt ein Ästhet und ein wenig dünnblütig; er geht behutsam vor, dem Effekt von Rasterungen, Verselbständigungen von Linienführungen und ihrem Miteinander auf der Spur und dabei eher zart-lyrisch verfahrend."[26]

Im Jahr 1972 zeigt die Neue Galerie Graz das Werk von Drago Prelog und seinem Künstlerfreund Erich Brauner-Thage in einer umfassenden Ausstellung.[27]

Im gleichen Jahr stellt Prelog wiederum in der Wiener Secession aus, im Jahr 1974 in der Wella-Galerie in Linz, zu der Peter Baum schreibt:

„Prelog, den man gleich zahlreichen anderen seines Alters zu den immer stärker in den Vordergrund tretenden Außenseitern und Nonkonformisten der österreichischen Kunstszene rechnen muß, beschäftigte sich ursprünglich mit den Möglichkeiten des Informel. Seine vehement rhythmisierten, poesievollen Schriftbilder können als sehr persönliche Zeugnisse sensiblen Einfühlungsvermögens und spontanen Reagierens charakterisiert werden. Sie sind keine Eintagsfliegen, sondern das bewußt erarbeitete Ergebnis eines konstanten Bemühens, das

---

26 Kristian Sotriffer, Drei steirische Möglichkeiten, in: Die Presse, 17.2.1971.
27 Rudolf List, Die Ausstellung Prelog – Thage, in: Südost-Tagespost, 22.3.1972.

Freiheit mit Ordnung und die Möglichkeiten des Handschriftlichen mit feinsten malerischen Nuancierungen zu verbinden wußte. Prelog hat in der ersten Hälfte der sechziger Jahre Aquarelle und Gouachen geschaffen, die in ihren Spitzenleistungen mit zum Überzeugendsten und Schönsten zählen, was auf vergleichbarer Basis in unserem Land entstand."[28]

Den zitierten Rezensionen ist die durchgehende Wertschätzung für Drago Prelogs Werk im Kontext der Wiener Avantgarde zu entnehmen.

Umlaufen und verdichten
Eine Retrospektive von Drago J. Prelog in der Akademie

Ende der fünfziger Jahre begann der aus Cilli stammende, in der Steiermark aufgewachsene Drago Julius Prelog durch skripturale Arbeiten (in der Formierung oder Reihung, die aus der Adaption des Informel gewonnen wurde) erstmals auf sich aufmerksam zu machen. Damals war er etwa zwanzig Jahre alt. Heute nimmt er dieselbe, dem Duktus von Strichen, Flecken und schriftähnlichen Fortläufen folgende Manier gereift und nuanciert erneut auf, nachdem ihn Zwischenstadien seiner Entwicklung auch in Bereiche der Verfremdung des Realen hatten vordringen lassen.

Der Überblick auf wichtige Einschnitte, wie ihn die Akademie am Schillerplatz (an der Prelog studiert und als Assistent von Mikl und Hollegha auch gelehrt hat) veranschaulicht, läßt aber im wesentlichen erkennen, daß Prelog stets von der Struktur, vom Zeichen, der Bewegung (im gestischen Duktus) und der Verdichtung einer Form (bis hin zu seinem „persönlichen Alphabet") angezogen blieb. Auch wenn er Bergformen oder den Stephansturm zum Anlaß nahm, sie auf ihre „Spuren"-Qualitäten hin zu untersuchen, suchte er im wesentlichen auf einen Kern hinzuarbeiten, weil ihn die „Umlaufbilder" oder die dem Meditativen zugewandte „Zeitspuren" in den siebziger Jahren kennzeichnen.

Dabei demonstriert Prelog eine einerseits architektonisch-designartige, auf Klarheit der Zeichnung Wert legende Vorgangsweise, die er andererseits jedoch durch Flecken, Bahnen, Querungen und eine dadurch erzielte Dynamik innerhalb des Gefestigten und Abgegrenzten verlebendigt und bereichert. Und zwar so, daß die Organisation eines Bildes immer von Elementen durchpulst wird, die organisch-sinnlicher Natur sind.

Für Prelog kennzeichnend verklammern sich so ein intellektuelles und ein emotionelles Element ineinander. Dieser Umstand macht es dem Betrachter leicht, sich in diese Felder des Determinierten und zugleich Öffnenden hineinzubegeben, was am besten dort gelingt, wo Prelog den Betrachter nicht mit einem Schema (wie in den stufenartigen Fortentwicklungen seiner Schattenprofile), sondern mit Abläufen konfrontiert, die – nachdem ein Einstieg in sie gefunden wurde – ein selbsttätiges Fortschreiten in einer Art Um und Wiederkehr ermöglichen.

Wahrscheinlich verdichtet sich, was Prelog hauptsächlich intendiert, am überzeugendsten und persönlichsten in den „Umlaufbildern", deren Übereinander von Farben und Linien eine Zone bildet, in die einzutauchen immer wieder verlockend und lösend erscheint. (Bis 27. April).

Kristian Sotriffer

Kristian Sotriffer, Umlaufen und verdichten, in: Die Presse, 13.4.1984

---

28 Aus dem Vorwort für den Faltkatalog der Wella-Galerie, Linz, 1974, in: Peter Baum. Texte und Photographien, 2009, Wien-Köln-Weimar, S. 78.

Hommage à 1960

SKRIPTURALE

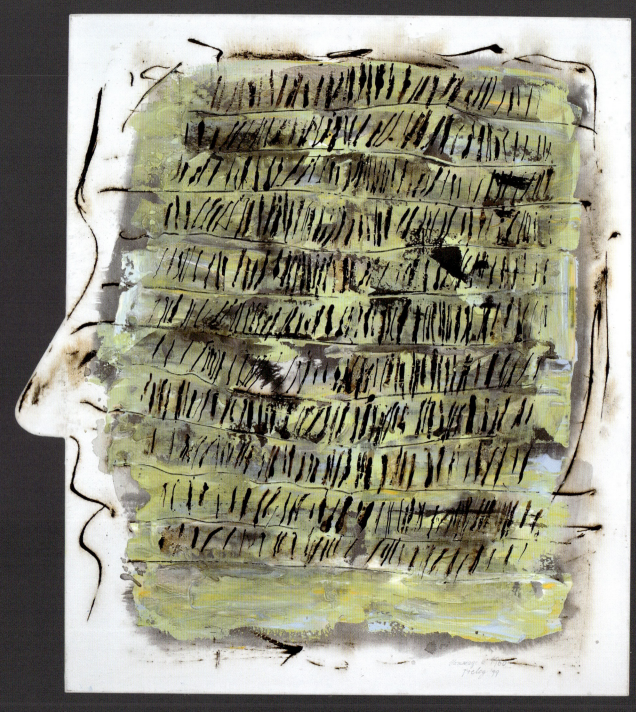

Acryl auf Leinwand
140 x 120 + 11 cm
sign. dat. Prelog '99

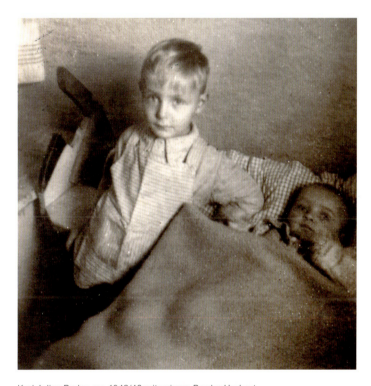

Karl Julius Prelog um 1942/43 mit seinem Bruder Herbert.
1958 nahm ich den Namen Drago an, um auf meine
südslawische Herkunft hinzuweisen.

Meine Mutter erzählte mir, ich hätte etwa im dritten Lebensjahr begonnen, einfache, senkrechte Striche auf ein Blatt Papier zu zeichnen – in der rechten oberen Ecke des Blattes beginnend, nach links hin und dann Zeile für Zeile nach unten zu, bis die Seite voll war.

12

Papiertüte überarbeitet, 1960
Buntstift auf Papier
19,5 x 13,3 cm (Originalformat)
sign. dat. Drago 1.3.1960

13
Dettol every, 1960
Collage, Tusche auf Papier
48 x 31,8 cm
sign. dat. Drago 29.4.1960

14
Suchard, 1960
Buntstift auf Papier
22 x 18,2 cm (Originalformat)
sign. dat. Drago 7.1.1960

15
TET, 1960
Collage, Tusche auf Papier
44 x 30 cm
sign. dat. Drago 9.3.1960

16

Ohne Titel, 1960
Grafitstift auf Papier
31,6 x 22,7 cm
sign. dat. Drago 10.4.1960

17
Ohne Titel, 1960
Buntstift auf Papier
21,3 x 15,9 cm (Originalformat)
sign. dat. Drago 7.1.1960

Hommage à 1961

KLASSISCH SKRIPTURALE

Acryl auf Leinwand
140 x 120 + 11 cm
sign. dat. Prelog '99

III

Mit den skripturalen Arbeiten fand ich schnell den Kontakt zur Galerie St. Stephan. Monsignore Otto Mauer bot mir eine Personalausstellung in seiner angesehenen Galerie an; ich willigte jedoch erst 1966 ein.

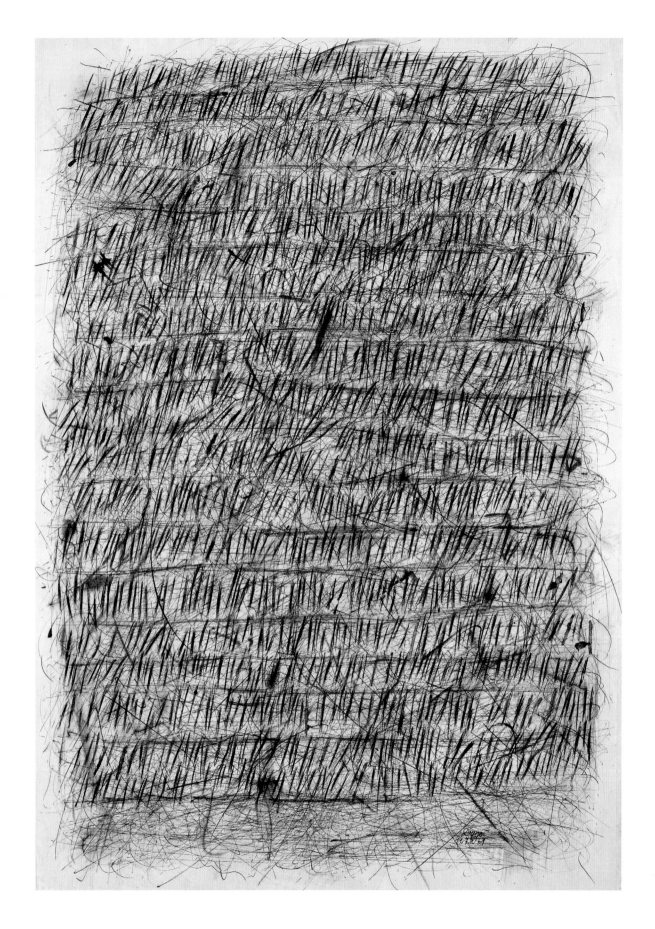

18
„XXXV", 1961
Tusche laviert auf Papier
61,5 x 44 cm
sign. dat. Drago 11.7.1961

19

Doppelbild, 1961
Aquarell, Buntstift auf Papier
45 x 61,8 cm
sign. dat. Drago 30.10.1961
Museum Liaunig

20
Ohne Titel, 1961
Aquarell, Tinte, Buntstift auf Papier
47,8 x 32,2 cm
sign. dat. Drago 22.11.1961
Museum Liaunig

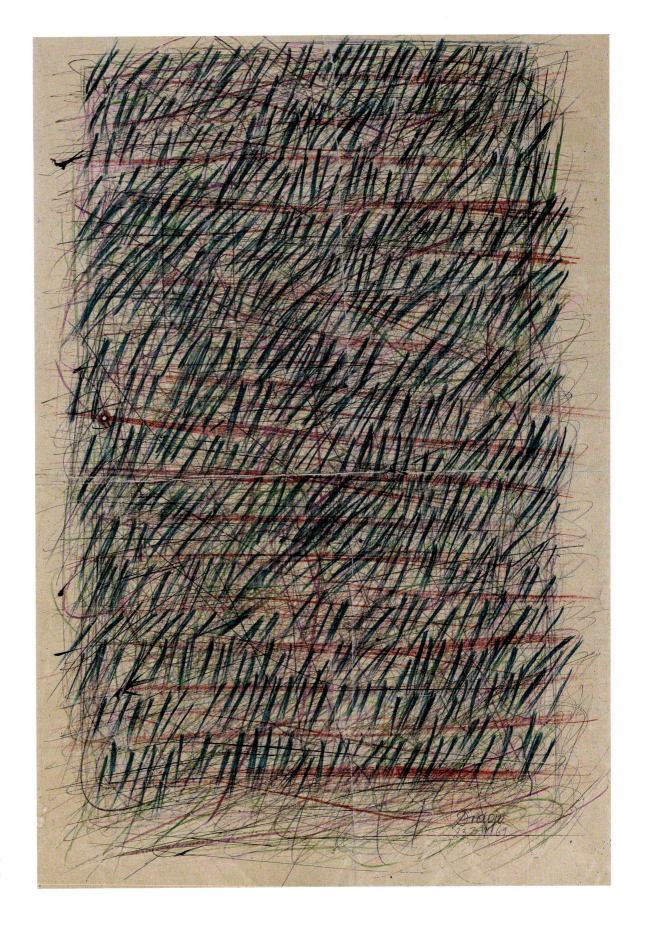

21
Ohne Titel, 1961
Pastellkreide auf Papier
47,8 x 32,2 cm
sign. dat. Drago 4.12.1961

Hommage à 1962

ZEILENLOS SKRIPTURALE

Acryl auf Leinwand
140 x 120 + 11 cm
sign. dat. Prelog '99

IV

1962 ließ ich die „Zeilen" weg.

22
Ohne Titel, 1962
Aquarell, Tusche,
Buntstift auf Papier
61,8 x 45,1 cm
sign. dat. Drago 12.2.1962

23
Hamam, 1962
Aquarell, Tusche,
Buntstift auf Papier
65 x 48 cm
sign. dat. Drago 3.12.1962
Sammlung Wagner

Hommage à 1963

GESTISCH SKRIPTURALE

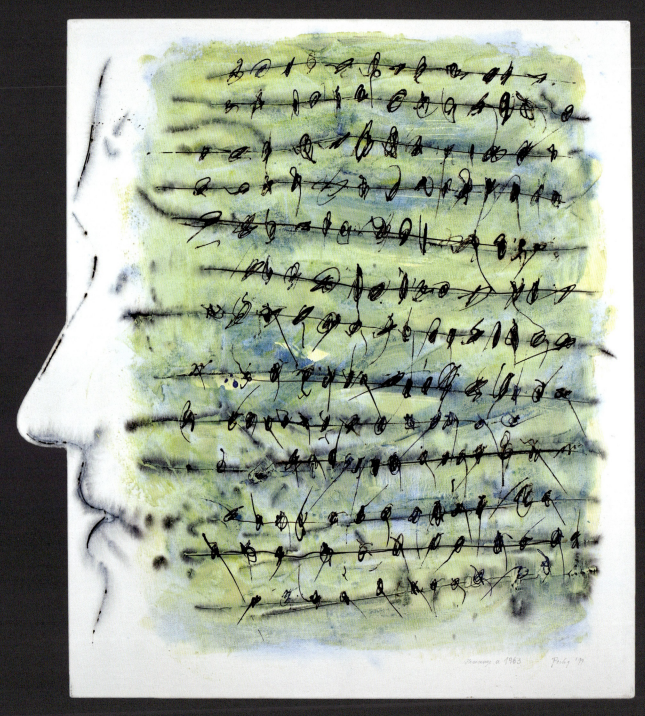

Acryl auf Leinwand
140 x 120 + 11 cm
sign. dat. Prelog '99

V

1963 waren neuerlich Zeilen da. Das Skripturalmotiv wurde in Form kleiner Tachismen „aufgefädelt".

24
Ohne Titel, 1963
Grafitstift auf Papier
59,5 x 42,3 cm
sign. dat. Drago 23.6.1963

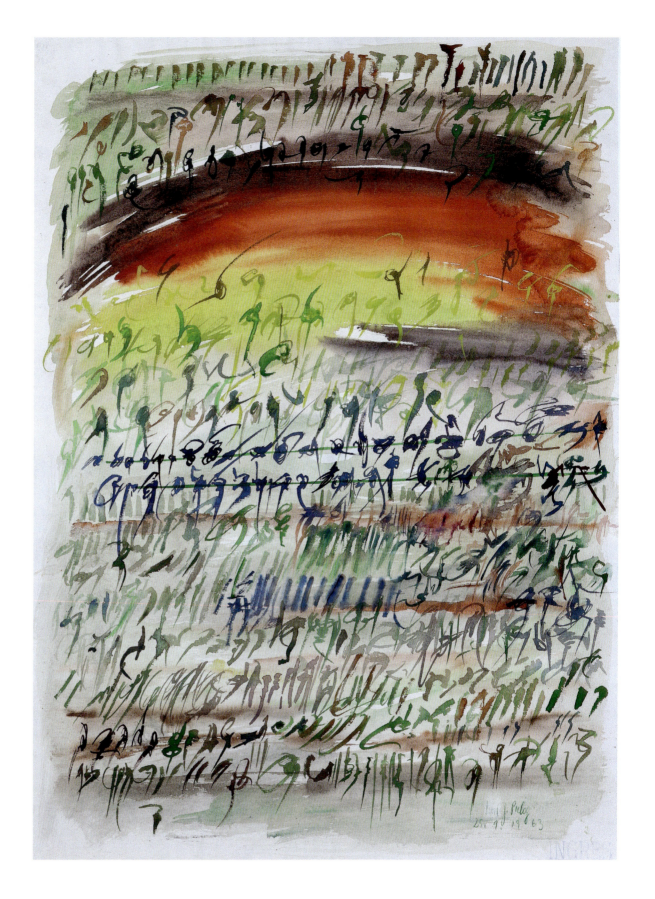

25
Grüß Gott Meister Grünewald, 1963
Aquarell auf Papier
63 x 48 cm
sign. dat. Drago j. Prelog 25.9.1963
Sammlung Josef Mikl

HORIZONTALE ÖFFNUNGEN

Acryl auf Leinwand
140 x 120 + 11 cm
sign. dat. Prelog 2000

VI

26
Kartoffelstation, 1964
Aquarell, Buntstift auf Papier
72,1 x 49,4 cm
sign. dat. Drago j. Prelog 23.9.1964

Das Jahr 1964 verbrachte ich in der Schweiz. Mit dem Bild „Kartoffelstation" begannen die waagrechten Öffnungen.

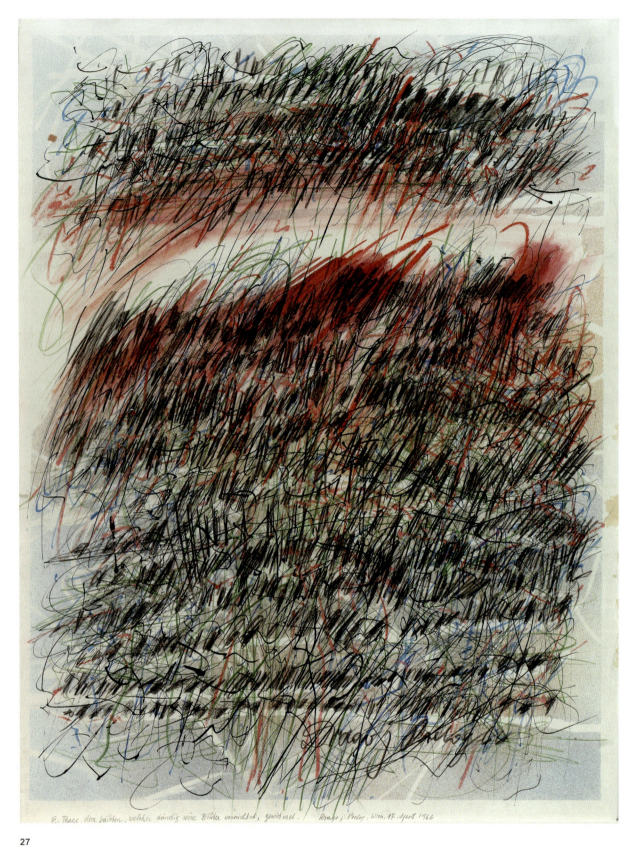

27
Für E. Thage ..., 1964
Aquarell gespritzt, Buntstift auf Papier
64 x 49,5 cm
sign. dat. Drago j. Prelog 1964
Museum Liaunig

28
Bonjour Madame Popart, 1964
Aquarell, Tusche, Buntstift auf Papier
64,8 x 49,7 cm
sign. dat. Drago j. Prelog Basel 30.9.1964

29
Ohne Titel, 1964
Aquarell, Buntstift auf Papier
46,2 x 49,9 cm
sign. dat. Drago j. Prelog 13.12.1964

Hommage à 1965

VERTIKALE ÖFFNUNGEN

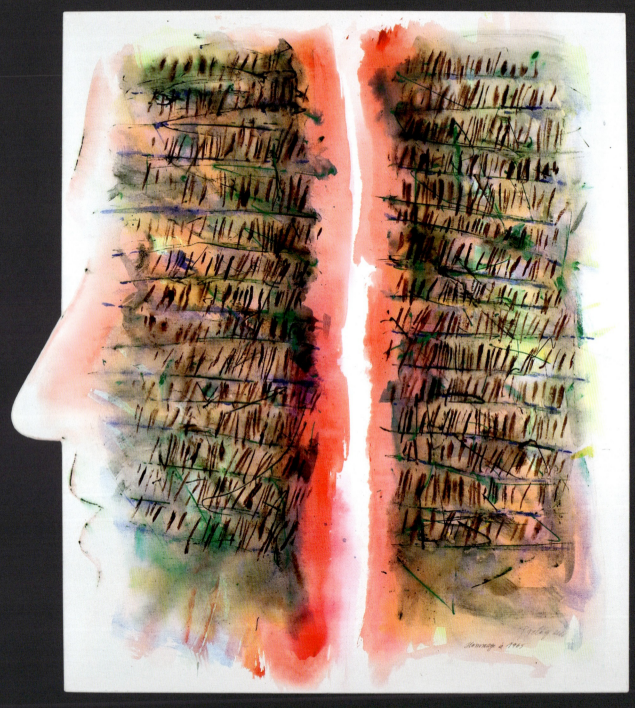

Acryl auf Leinwand
140 x 120 + 11 cm
sign. dat. Prelog 2000

VII

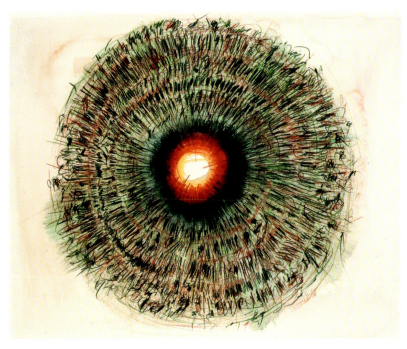

30
Grüß Gott Meister Pechok, 1964
Aquarell, Buntstift auf Papier
49,4 x 60,6 cm
sign. dat. Drago j. Prelog 5.10.1964

Mit den senkrechten Öffnungen entwickelten sich neue Formen.

31

Bildteppich, 1965
Applikation
165 x 160 cm
Sticksignatur Drago j. Prelog 1965
Museum Liaunig

32

Symphonie Nr. 1 op. 7, 1965
Aquarell, Tusche, Buntstift auf Papier
61,3 x 44 cm
sign. dat. Drago j. Prelog 6.März 1965

33

Ohne Titel, 1965
Aquarell, Tusche, Buntstift auf Papier
62 x 47 cm
sign. dat. Drago j. Prelog 1965

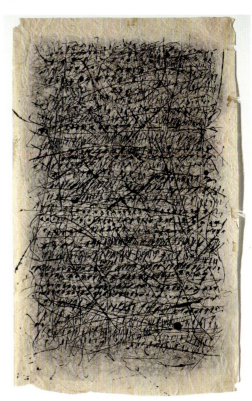

34

Auf geknittertem Packpapier, 1965
Tusche auf Papier
ca. 61 x 38 cm
sign. dat. Drago 1965

Hommage à 1966

FREMDELEMENTE

Acryl auf Leinwand
140 x 120 + 11 cm
sign. dat. Prelog 2000

35
Senkrechte Öffnung, 1966
Applikation
108 x 165 cm
Sticksignatur Smilja + Drago 1966
(erstmals hatte ich ein wenig Nähhilfe bekommen)

Im geöffneten Skripturalmotiv sollte ein größtmöglicher Kontrast aufscheinen – ein Gebilde, das mit Lineal und Reißfeder gefertigt ist (eine Reaktion auf Hundertwassers Manifest gegen die gerade Linie).

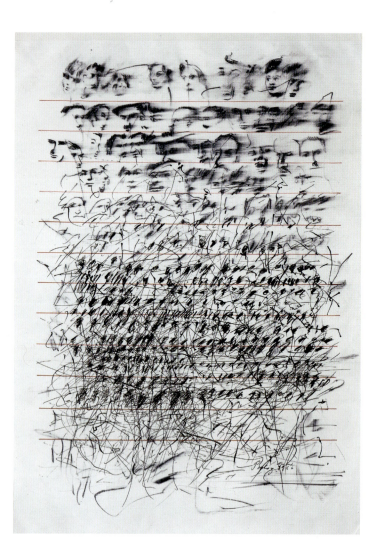

36
Ohne Titel, 1966
Tusche auf Papier
52 x 38,7 cm
sign. dat. Prelog Novi Sad 1966

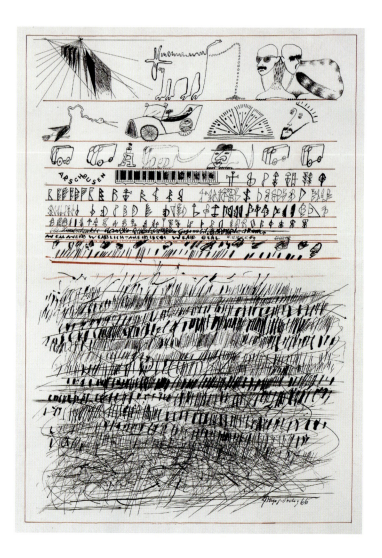

37
Kein Titel, 1966
Tusche, Buntstift auf Papier
52 x 38,7 cm
sign. dat. Drago j. Prelog 66

38
Ohne Titel, 1966
Aquarell gespritzt, Tempera,
Tusche auf Japanpapier
67 x 52 cm
sign. Drago 19.5.1966

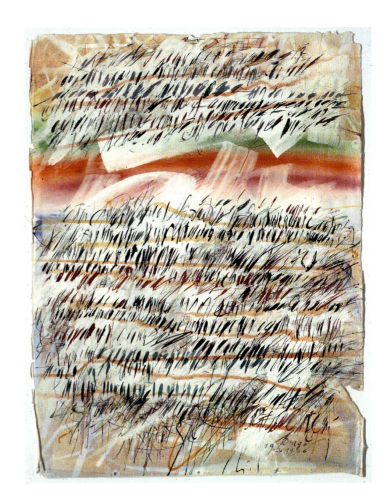

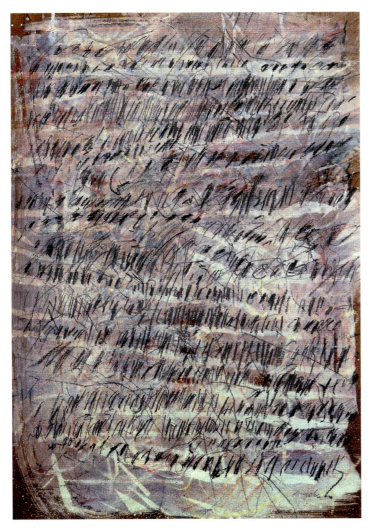

39
Ohne Titel, 1966
Aquarell gespritzt,
Grafitstift auf grundiertem Packpapier
58,7 x 41,5 cm
sign. dat. Drago 66

Hommage à 1967

EXPRESSIVE ÖFFNUNGEN

Acryl auf Leinwand
140 x 120 + 11 cm
sign. dat. Prelog 2000

IX

40
Expressive Öffnung, 1967
Öl auf Leinwand
93 x 119,5 cm
sign. dat. Drago j. Prelog 1967

Das Skripturalmotiv löst sich auf.

41
Smiljas Abreise, 1967
Öl auf Leinwand
120 x 100 cm
sign. dat. Drago j. Prelog 1967

42
In fünf Minuten, 1968
Tusche, Kreide auf Papier
57,8 x 42,6 cm
sign. dat. Drago j. Prelog, N. Sad 8.6.1968
Sammlung Dragojević

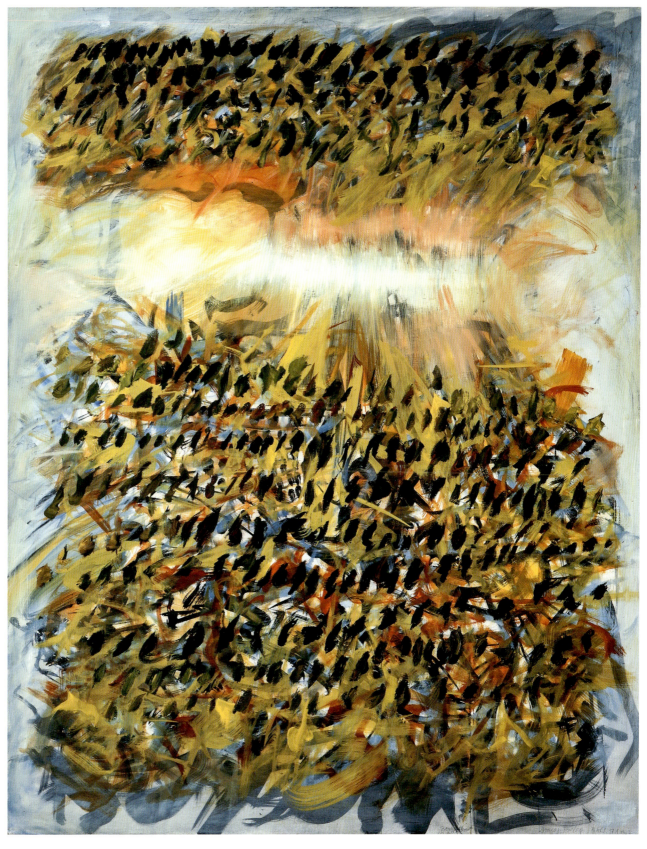

43
Besuch bei DDr. Skreiner, 1967
Öl auf Leinwand,
190 x 150 cm
sign. dat. Drago j. Prelog 17.9.1967 Retzhof

44
Ohne Titel, 1967
Aquarell, Tusche, Kreide auf Papier
66,4, x 46,3 cm
sign. dat. Drago j. Prelog 1967

45
Ohne Titel, 1967
Aquarell, Kohle auf Papier
66 x 46,2 cm
sign. dat. Drago j. Prelog 5.7.1967

46
Offensichtlich kein Titel, 1967
Öl auf Leinwand
120 x 95 cm
sign. dat. Drago j. Prelog 11.12.1967

Hommage à 1968

EXPLOSIVE ÖFFNUNGEN

Acryl auf Leinwand
140 x 120 + 11 cm
sign. dat. Prelog 2000

47
Drei vertikale Öffnungen, 1968
Aquarell, Tusche auf Papier
56 x 40,5 cm
sign. dat. Drago j. Prelog N. Sad 13.1.1968

Das Skripturalmotiv verschwindet. Mit dem Auge schwer erfassbare Geschehen wie etwa Explosionen oder spritzendes Wasser werden zum Motiv.

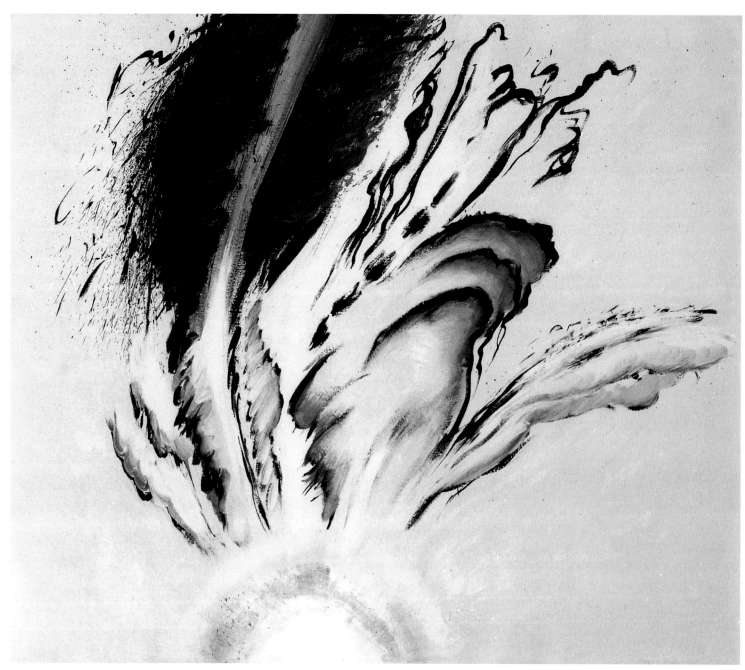

48
Explosion, 1968
Öl auf Leinwand
121 x 141 cm
sign. dat. Drago j. Prelog 1968

49
In die Kanone mit den Müttern, 1968
Buntstift auf Papier
65 x 50,2 cm
sign. dat. Drago j. Prelog 1968

50
Ohne Titel, 1968
Tusche, Aquarell auf Papier
57,3 x 41,5 cm
sign. dat. Drago j. Prelog N. Sad, 16.1.1968

Hommage à 1969

BOMBEN

Acryl auf Leinwand
140 x 120 + 11 cm
sign. dat. Prelog 2000

XI

51
Explosionsordnung, 1969
Aquarell, Tusche, Buntstift auf Papier
49,2 x 63,9 cm
sign. dat. Drago j. Prelog 1969

Die H-Bombe ist schön.

52
Topographische Bombe, 1969
Aquarell, Tusche auf Papier
85 x 59,4 cm
sign. dat. Drago j. Prelog 1969

53
Bombe, 1969
Aquarell, Kreide, Collage auf Papier
150 x 95 cm
sign. dat. Drago j. Prelog 1969

Hommage à 1970

BOMBEN / BÄUME – TOPOGRAPHISCH

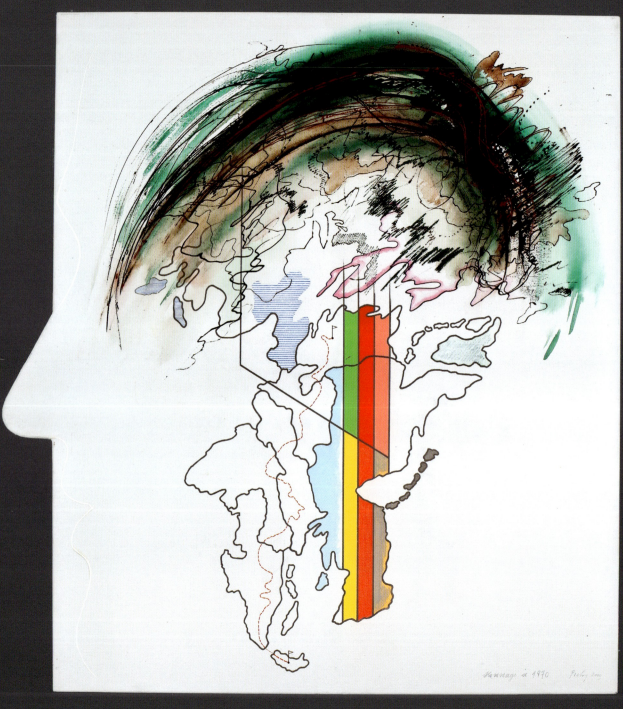

Acryl auf Leinwand
140 x 120 + 11 cm
sign. dat. Prelog 2000

XII

54
Ehe oder die geometrische Bombe, 1971
Öl auf Leinwand
90 x 75 cm
sign. dat. Prelog 1971

Ein Zeitungsbericht über den Giro d'Italia inspirierte mich zu topographischen Formen und somit zu einem mechanischen, unpersönlichen Lineament, zu welchem auch Schraffuren und seismographische Linienpartien kamen.

55
Im blauen Zeitabschnitt, 1970
Kunstharz auf Leinwand
150 x 130 cm
sign. dat. Drago j. Prelog 1970

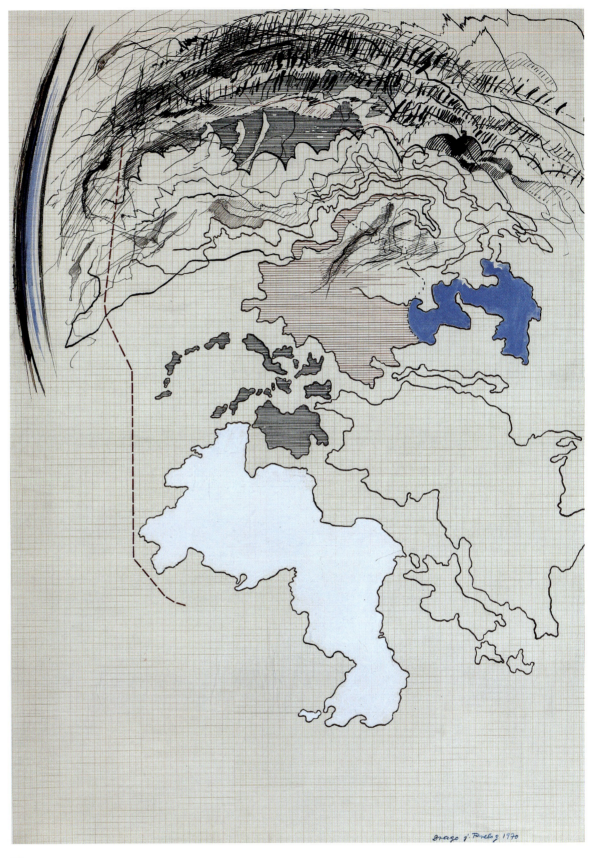

56
Fast eine topographische Bombe, 1970
Tusche, Tempera auf Millimeterpapier
72,6 x 53 cm
sign. dat. Drago j. Prelog 1970

Hommage à 1971

WANDLUNG

Acryl auf Leinwand
140 x 120 + 11 cm
sign. dat. Prelog 2000

Aus topographischen Formen entwickelten sich Bergsilhouetten. Berge haben Namen – diese unterscheiden sich voneinander wie die Buchstaben im Alphabet.

57
Wald und Gebirge, 1971
Collage, Grafitstift auf Papier
84,6 x 58,9 cm
sign. dat. Drago j. Prelog 1971
Sammlung Liaunig

58
Wald und Berge, 1971
Aquarell, Grafitstift auf Papier
73 x 58,6 cm
sign. dat. Drago j. Prelog 1971

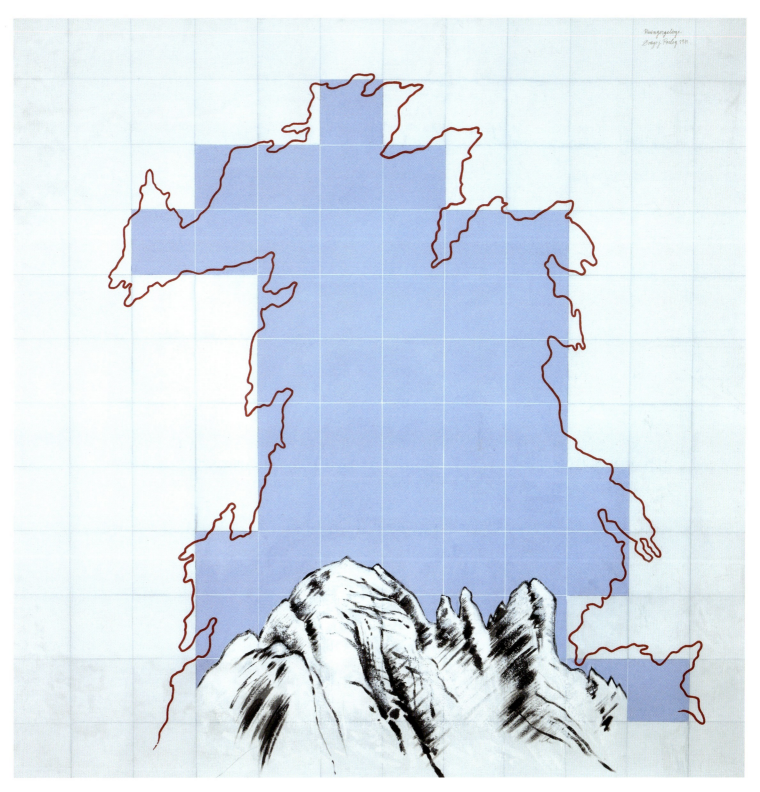

59
Wiesingergebirge, 1971
Dispersion auf Leinwand
180 x 180 cm
sign. dat. Drago j. Prelog 1971

Hommage à 1972

STEFFLN

Acryl auf Leinwand
140 x 120 + 11 cm
sign. dat. Prelog 1999-2000

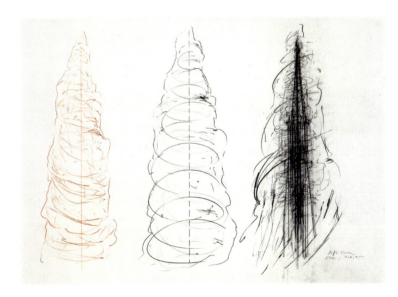

60
Steffl-Visionen, 1972
Grafit-/Buntstift auf Papier
59,8 x 84,9 cm
sign. dat. Drago j. Prelog 27.4.1972

Der Stephansdom ist ein eindrucksvolles Bauwerk. Seine Magie im Bild gebündelt wird zum Zeichen.

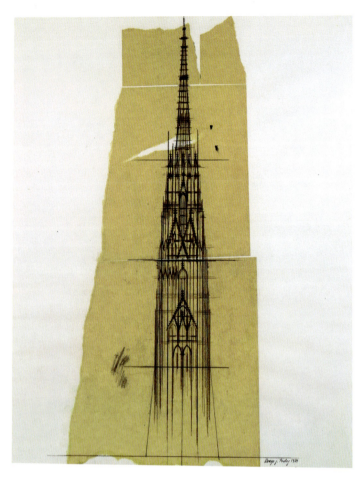

61
Stephansdom, 1971
Collage, Grafitstift auf Papier
72 x 56 cm
sign. dat. Drago j. Prelog 1971
Sammlung Liaunig

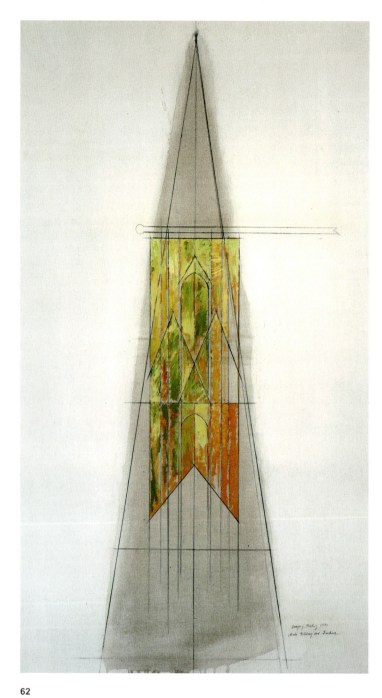

62
Mein Beitrag zur Fahne, 1971
Dispersion, Grafitstift auf Leinwand
181 x 101 cm
sign. dat. Drago j. Prelog 1971

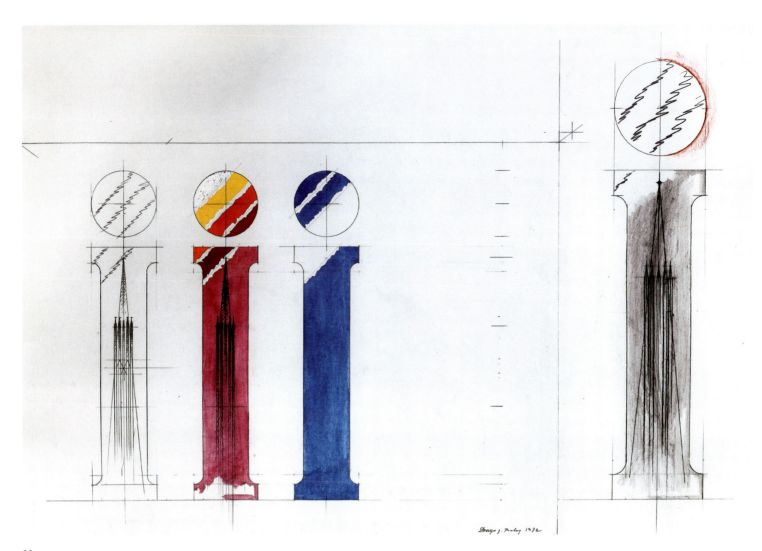

63
I-Türme I, 1972
Aquarell, Grafitstift auf Papier
84,7 x 58,8 cm
sign. dat. Drago j. Prelog 1972

Hommage à 1973

ALPINSTRUKTUREN

Acryl auf Leinwand
140 x 120 + 11 cm
sign. dat. Prelog 2000

XV

Drago J. Prelog, 1970er-Jahre

Ich stellte mir vor, der Stephansdom stünde vor der Dachstein-Südwand – von Menschenhand Geschaffenes dem Naturgebilde gegenübergestellt.

64

Großes Rasenstück, 1971
Collage, Tusche, Bunt-/Grafitstift auf Papier
69,8 x 58,5 cm
sign. dat. Drago 13.11.1971

65

Bürogebäude mit zwei Schmellermugln, 1971
Grafitstift, Collage auf Papier
58,6 x 83,8 cm
sign. dat. Drago j. Prelog 1971

66
Monte Hikade 2648 m, 1973
Aquarell, Grafit-/Buntstift auf Papier
59,1 x 84,8 cm
sign. dat. Drago j. Prelog 1973

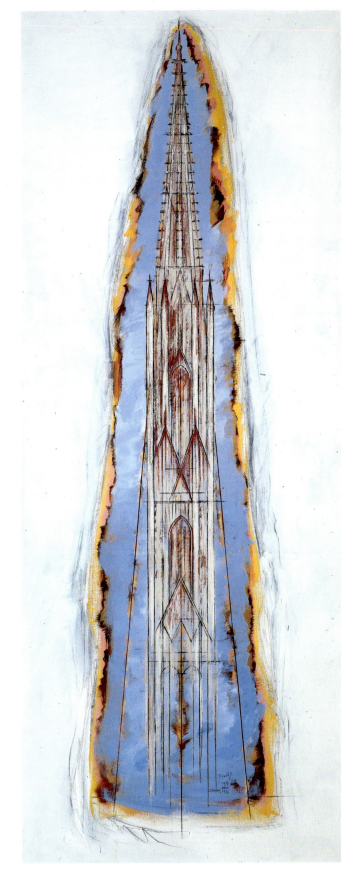

67
Ein Steffl, 1971 oder 1972
Acryl, Öl, Grafitstift auf Leinwand
250 x 98 cm
sign. dat. Prelog 1971 oder 1972

Hommage à 1974

FELSZEICHEN

Acryl auf Leinwand
140 x 120 + 11 cm
sign. dat. Prelog 2000

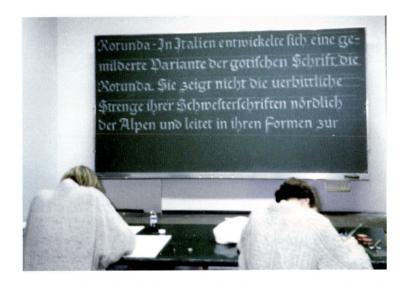

Von 1974 bis 1997 Lehrauftrag für Schrift und Schriftgestaltung an der Akademie der bildenden Künste in Wien

1974 unternahm ich eine Reise nach Mexiko und Guatemala zu den Spuren der Maya. Dort beeindruckten mich die geheimnisvollen Zeichen und Bilder an Häusern und Sandsteinwänden.

Hommage à 1975

STEINE

Acryl auf Leinwand
140 x 120 + 11 cm
sign. dat. Prelog 2000

XVII

Grita Insam (1939–2012) hebt den „Stein von Sieding" in der Modern Art Galerie Wien, 1975

Eigentlich interessierten mich Steine wegen ihrer Eigenschaft, sie als eherne Zeichen verwenden zu können, jedoch geriet ich mit den Steinen auf den „Holzweg".

68

Steinstudien, 1975
Tusche, Aquarell auf Papier
41,5 x 58,7 cm
sign. dat. Prelog 75

69

Karikatur, 1975
Aquarell, Grafitstift auf Papier
57,8 x 83,4 cm
sign. dat. Prelog 75

70
Länglicher Stein, 1975
Aquarell, Tusche, Grafitstift auf Papier
45,7 x 58,2 cm
sign. dat. Prelog 75

SCHAMANISTISCHE ELEMENTE

Acryl auf Leinwand
140 x 120 + 11 cm
sign. dat. Prelog 2000

XVIII

Alfred Klinkan 1950–1994
Schattenporträts 1975
Smilja

Alfred Klinkan 1950–1994
Schattenporträts 1975
Alfred sieht Drago mit Einhorn

Nach einer schmerzhaften Schaffenspause begann ich wieder bescheiden Liniengefüge aufzubauen – meistens zusammen mit dem menschlichen Profil – angeregt von Alfred Klinkan.

71
Ohne Titel, 1977
Grafitstift auf Papier
65,9 x 87,4 cm
sign. dat. Drago j. Prelog 1977

72
Vogel, 1977
Aquarell, Tusche, Bunt-/Grafitstift auf Papier
61,2 x 86,8 cm
sign. dat. Drago j. Prelog 30.5.1977

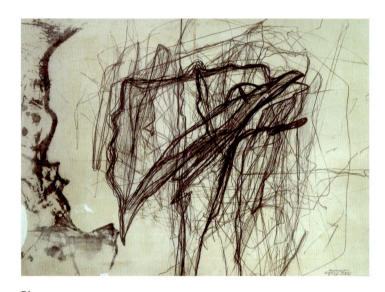

73
Ohne Titel, 1977
Acryl auf Leinwand
150 x 198 cm
sign. dat. Drago j. Prelog 1977

74
Pfingstporträt, 1977
Collage, Grafitstift auf Papier
56,8 x 81,5 cm
sign. dat. Drago j. Prelog 30.5.1977

THRON, 1976 (auch „Bauern-Schwitters" genannt)
Objekt aus leeren Zündholzschachteln, begonnen am 1. Mai 1976
Höhe 314 cm, Breite 101 cm, Tiefe 80 cm
Museum Liaunig

1959 begeisterte mich der Dadaismus – insbesondere Kurt Schwitters und seine Merz-Bauten.

PROFILFOLGEN

Acryl auf Leinwand
140 x 120 + 11 cm
sign. dat. Prelog 2000

XIX

Durch den Verlust an Individualität wird das Gesichtsprofil zum Piktogramm, zum allgemeinen Zeichen für den Begriff Mensch.

Hommage à 1978

UMLAUFBILDER

Acryl auf Leinwand
140 x 120 + 11 cm
sign. dat. Prelog 2000

XX

75
ERSTES UMLAUFBILD
Am 18. Mai 1977 gegen Abend..., 1977
Grafitstift auf Papier
91,2 x 107,8 cm
sign. dat. Drago j. Prelog 18.5.1977

Am 18. Mai 1977 kam ich mit leerem Kopf in mein Atelier. In der Mitte des Raumes lag auf zwei flexiblen Blöcken eine große Holzplatte und auf dieser ein großes, weißes Blatt Papier. In beiden Händen je einen Stift, begann ich mit lässig schlenkernden Armen am unteren Bildrand abstrakte Liniengefüge aufzubauen – nebeneinander, übereinander, durcheinander. Zunehmend ekstatisch bewegte ich mich hin und her und gelangte dabei zur rechten Blattecke. Spontan setzte ich meine Zeichentätigkeit am rechten Bildrand zur Oberseite hin fort und stelle plötzlich fest, dass keine der vier Bildseiten zu bevorzugen sei. ALLE VIER BILDSEITEN SIND OBJEKTIV ABSOLUT GLEICHWERTIG. So setzte ich meine Arbeit am oberen Bildrand fort und kam von der dritten über die vierte Ecke des Blattes zur Startseite zurück. In der Bildmitte blieb eine magische weiße Fläche frei. Das war die Geburt meiner UMLAUFBILDER. Sofort wurde mir klar, dass man diese Bilder als Spurenbilder, als Resultat ritualisierten Handelns verstehen muss.
Prelog, 1. März 2011 (verfasst für ein Interview im Radio Stephansdom)

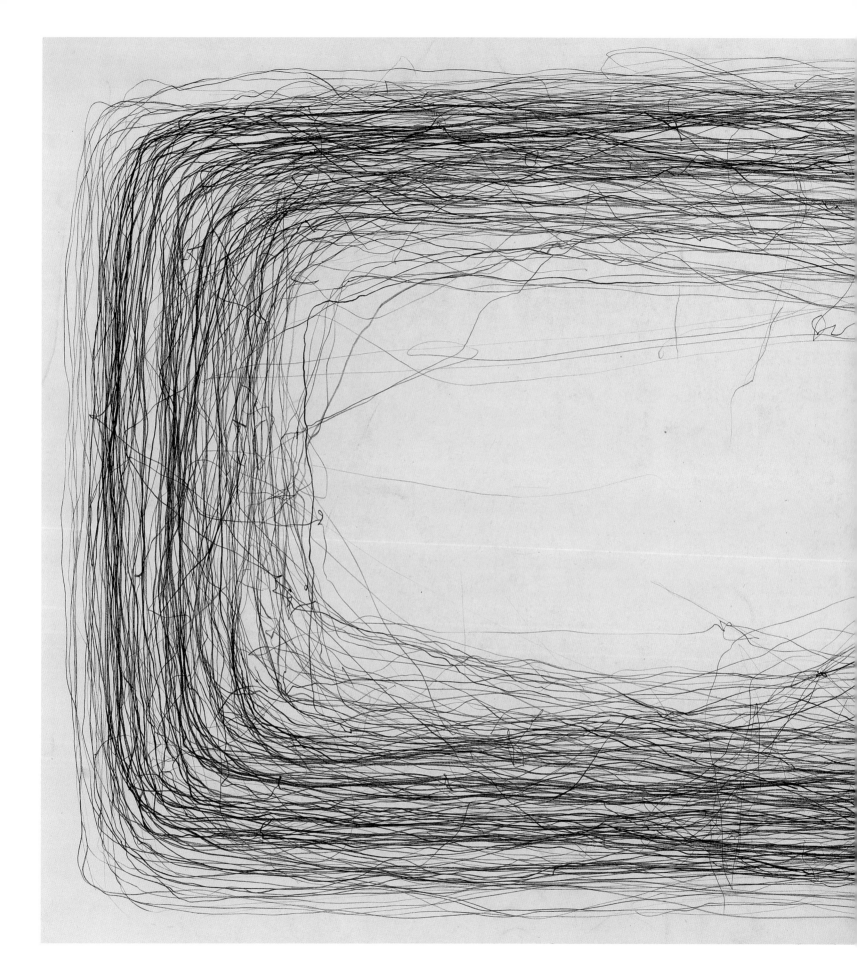

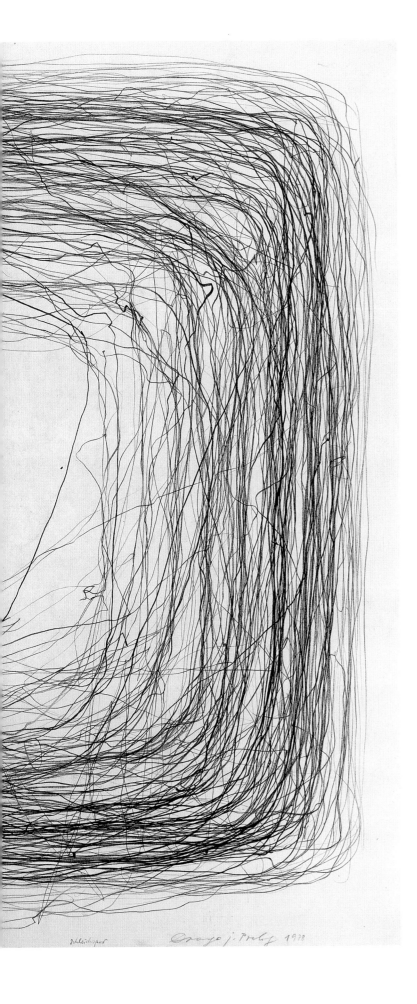

76

Schleichspur, 1978
Grafitstift auf Papier
47,1 x 67,7 cm
sign. dat. Drago j. Prelog 1978

77

Apolloniaumgang, 1978
Acryl auf Leinwand
95 x 110 cm
sign. dat. Drago j. Prelog 1978

78

Licht ins Dunkel, 1978
Acryl auf Leinwand
60 x 70 cm
sign. dat. Drago j. Prelog 1978

79
Umlauf am Montag, 1978
Collage, Tusche,
Buntstift auf Papier
42 x 60,1 cm
sign. dat. Drago j. Prelog 1978

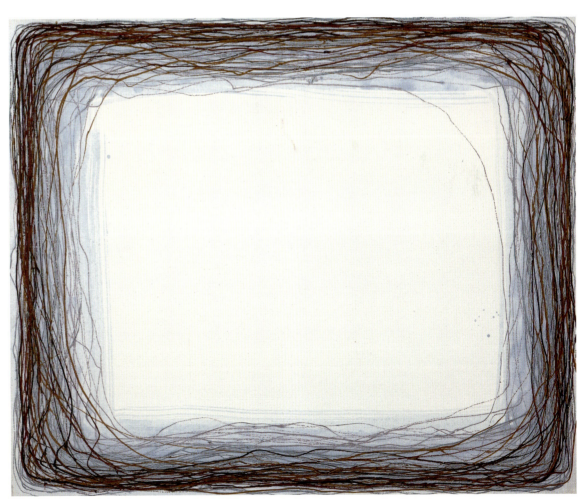

80
Ohne Titel, 1978
Acryl auf Leinwand
80 x 100 cm
sign. dat. Drago j. Prelog 1978
Sammlung Ernst Friedrich

Hommage à 1979

RUDIMENTÄRFORMEN

Acryl auf Leinwand
140 x 120 + 11 cm
sign. dat. Prelog 2000

XXI

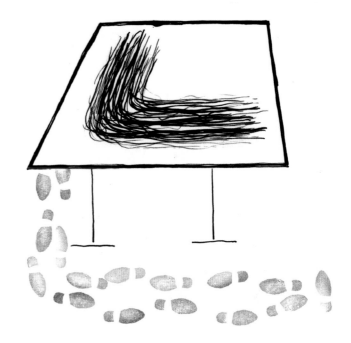

Teile einer kompletten Umlaufspur werden selbstständig und führen zu eigenen Formen sowie zur vielfachen Wiederholung einer Geste – ideale Bedingungen also für mein „Persönliches Alphabet".

81
Zwölf Apostel, 1979 (13-teilig)
Acryl auf Leinwand
Ø 468 cm
sign. dat. Drago j. Prelog 1979

1978 lud der Künstler Hans Hoffmann-Ybbs (1928–2005) auf Schloss Parz, wo er lebte, zu einer Ausstellung mit dem Titel „Der Drache in unserer Zeit". Diese Arbeit wurde eigens für diesen Anlass angefertigt.

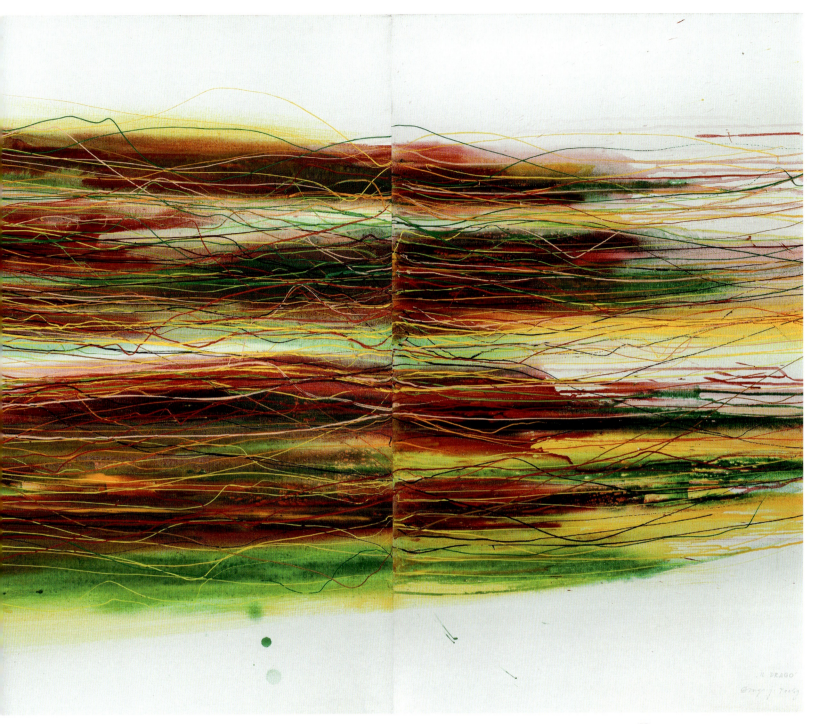

82

Il Drago, 1978 (7-teilig)
Acryl auf Leinwand
120,5 x 595 cm
sign. dat. Drago j. Prelog 1978

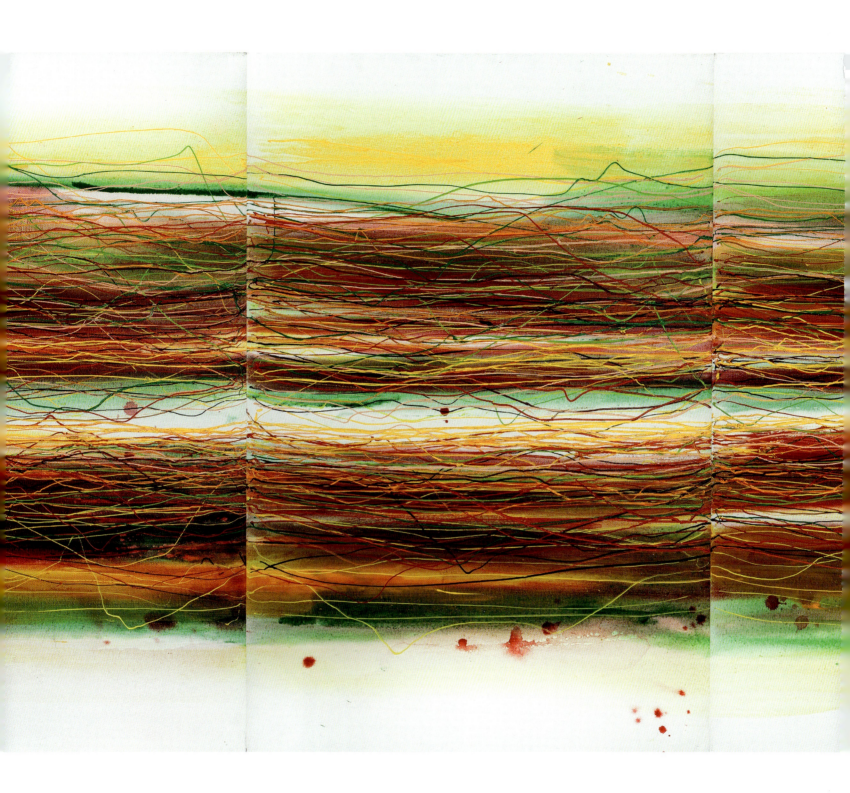

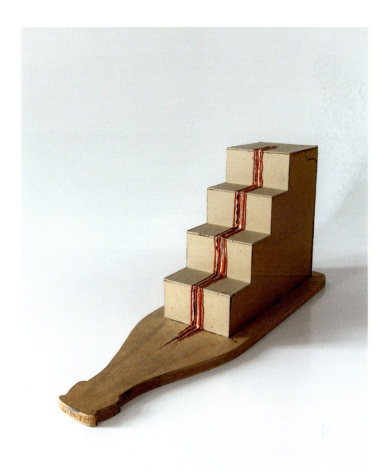

83
Tod für Cortez, 1979
Holz, Karton, Acrylfarbe
Höhe 57,6 cm, Breite 17,6 cm, Länge 26 cm
sign. dat. Drago j. Prelog 1979

84
Eckwächter, 1979
Holz lackiert
Höhe 106 cm, Breite 30 cm, Tiefe 1,5 cm
sign. dat. Drago j. Prelog 1979

85

Ein Knie aus Buntstift, 1979
Tusche, Aquarell, Buntstift auf Papier
42,5 x 61 cm
sign. dat. Drago j. Prelog 1979

86

Zeitspur, 1979
Acryl auf Leinwand
198 x 250 cm
sign. dat. Drago j. Prelog 1979

87

Hommage à Hollegha, 1979
Acryl auf Leinwand
198 x 250 cm
sign. dat. Drago j. Prelog 1.9.1979

Hommage à 1980

KREUZUMLÄUFE

Acryl auf Leinwand
140 x 120 + 11 cm
sign. dat. Prelog 2000

88
Meditationsfenster, 1979
Tusche, Acryl auf Papier
33,1 x 45 cm
sign. dat. Drago j. Prelog 1979

Gelegentlich schien mir der Freiraum in der Bildmitte zu fragil. Wie auch bei Fenstern üblich zerteilte und festigte ich diese Fläche mit einer Kreuzform.

89

Ich bin meine Kultur, 1980
Collage, Acryl, Tusche auf Papier
45,1 x 62,2 cm
sign. dat. Drago j. Prelog 2.1.1980

90

Brief, 1980
Acryl auf Leinwand
198 x 250 cm
sign. dat. Drago j. Prelog 1980

91
Hier ist unten, 1979-1980
Acryl auf Leinwand
160 x 180 cm
sign. dat. Drago j. Prelog 1979-1980
Museum Liaunig

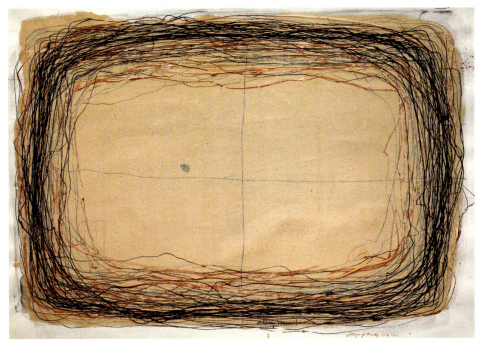

92
Achtung Fenster, 1979
Collage, Tusche, Acryl auf Papier
42 x 60,6 cm
sign. dat. Drago j. Prelog 25. 3. 1979

Hommage à 1981

DAS PERSÖNLICHE ALPHABET

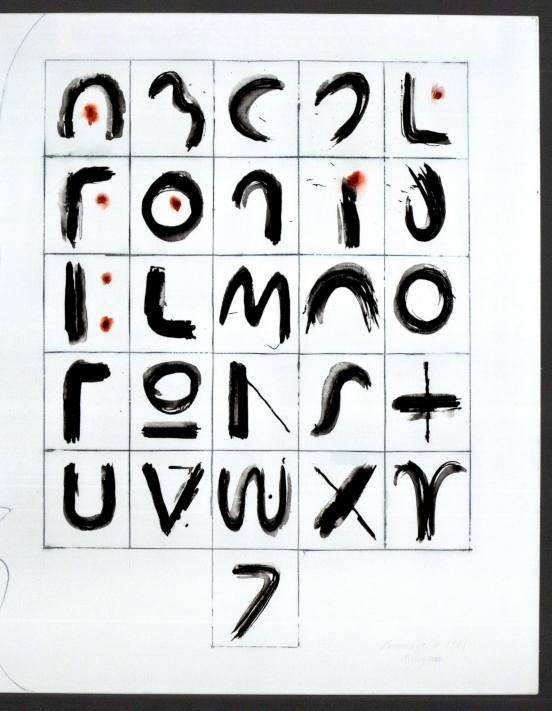

Acryl auf Leinwand
140 x 120 + 11 cm
sign. dat. Prelog 2000

XXIII

93
„G", 1995
Acryl auf Leinwand
120 x 150 cm
sign. dat. Prelog 1995

1980 war ich in Antwerpen zu Besuch bei Alfred Klinkan und malte dort einige Bilder. Zum ersten Mal setzte ich in die freie Innenfläche eines grün dominierten Umlaufbildes einen roten Punkt, was mich übrigens viel Überwindung kostete. Nun entschloss ich mich, aus Umlaufspuren, Rudimentärformen und diakritischen Punkten – in Anlehnung an das lateinische Alphabet – eine neue Bildserie zu entwickeln.

94

Goldregen, 1981
Tusche, Collage, Acryl auf Papier
29,5 x 42,4 cm
sign. dat. Drago j. Prelog 1981

95

R-kao rođendan, 1981
Wein, Tusche, Acryl, Collage auf Papier
24,2 x 36,8 cm
sign. dat. Drago j. Prelog 24.6.1981

96
Ferngesteuert gemalt, 1981
Acryl auf Leinwand
160 x 180 cm
sign. dat. Drago j. Prelog 1981
Museum Liaunig

97
Gebetsnest, 1981
Collage, Tusche auf Papier
39 x 84,2 cm
sign. dat. Drago j. Prelog 1981

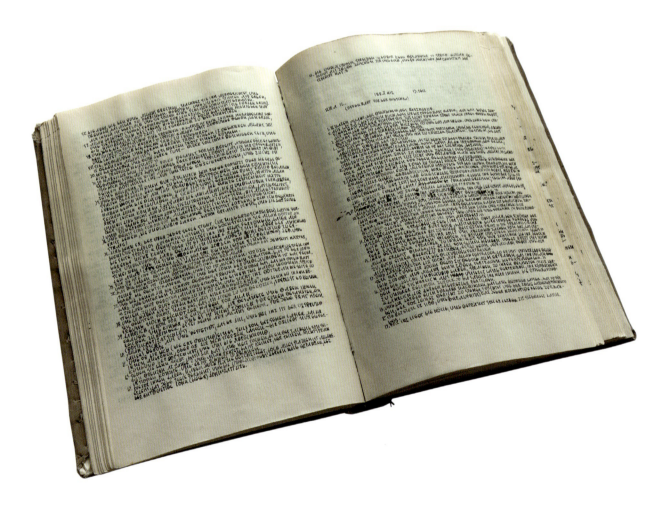

Abschrift des Koran (Qur-an)
(siehe Seite 294 unter Biographie 1958)

Wolfgang Hilger

DRAGO PRELOG UND DAS SCHREIBEN

Als Drago Prelog 1960 erstmals mit abstrakt-skripturalen Kompositionen zu experimentieren begann, hatte er sich bereits zuvor auf höchst eigenwillige Weise mit dem Phänomen Schrift auseinandergesetzt, wobei er das Geschriebene einer Verschlüsselung unterwarf, sodass der Text eigentlich nur mehr für den Eingeweihten lesbar blieb. So schrieb er 1957, noch vor seinem Studium an der Wiener Akademie, den gesamten Koran in einer deutschen Übersetzung ab, entwickelte dafür allerdings ein eigenes Alphabet. Zwar bildete die lateinische Schrift die Basis für dieses Unternehmen, doch Prelog veränderte den Charakter der Buchstaben so deutlich, dass man sich als Außenstehender für die Lektüre dieses Textes weitgehend ein spezielles neues Alphabet aneignen muss. Dies geschah keineswegs aus dem Grund, als „Krypto-Moslem" zu agieren, sondern um gegenüber dem dominanten lateinischen Schriftsystem Alternativen aufzuzeigen. Prelog weiß, nicht allein durch seine überwiegend südslawischen Wurzeln, dass in Südosteuropa mit dem Kyrillischen oder dem nicht mehr verwendeten Glagolitischen auch andere Buchstabenschriften ihre Gültigkeit haben oder hatten. Für Prelog waren somit unsere mitteleuropäischen Schreib- und Schriftgewohnheiten nicht mehr sakrosankte Faktoren, sondern ein weites Experimentierfeld, wobei er ab den 1960er Jahren auch den Informationscharakter des geschriebenen Wortes aufgab und somit auf den sprachgebundenen Inhalt eines Textes verzichtete. Es entstanden gitterförmige Strukturen durch eng aufeinanderfolgende, parallele, meist leicht nach rechts geneigte Striche als Reduktionen einzelner Buchstaben. Meist erzeugen trennende waagrechte Linien einzelne Zeilen, ohne dass diese der Diktatur des rechten Winkels Folge leisten. Bewusst griff Prelog hier auch auf nicht erhalten gebliebene Zeichnungen aus seiner Kindheit zurück und ließ die spielerische Imitation der ihm seinerzeit noch unzugänglichen realen Schriftlichkeit in seine Arbeiten einfließen.

Prelogs Pseudoschriften, die durch ihre meist vorhandenen freien Seitenränder auch den Charakter eines Schriftblattes beibehalten, verdichteten sich bald zu rhythmisch flimmernd-flirrenden, netzartigen Kompositionen. Seine Graphiken und Leinwandbilder bleiben wie ein Brief oder eine Tagebuchseite Dokumente einer mentalen Befindlichkeit, die sich mit hoher ästhetischer Intensität manifestiert. In den Schriftbildern, die – neben anderen Sujets – bald zu einem Markenzeichen der Kunst Drago Prelogs wurden, nimmt die Stelle des Textes eine individuelle, selbstgenerierte Ästhetik ein, eine unverwechselbare Handschrift, deren graphische Strukturen von sensiblen, fast diskret verwendeten Farbschleiern und -hintergründen begleitet werden.

Jeder Bücherfreund verbindet überdies mit Prelogs Schriftbildern, soferne er diese in größere optische Dimensionen übersetzt, den Eindruck von überfüllten Bibliothekswänden, von einer dräuenden Menge an depotartig angehäuften schmalrückigen Büchern. Prelog kommt also von der Schrift nicht los, will das auch niemals, wenngleich er doch etwas Wesentliches der Schrift in Frage stellt: die Vermittlung einer an die Sprache gebundenen Botschaft.

Jeder, der sich einmal mit Paläographie, der Lehre von alten, oft nur schwer lesbaren Schriften beschäftigt hat, verharrt durch angelernte Neugierde bei Prelogs Schriftbildern im letztlich erfolglosen Versuch, doch etwas Bekanntes lesen, deuten oder entziffern zu können. Imitierte der Künstler die meist nur aus angedeuteten Buchstaben, d.h. reduzierten Strichfolgen bestehende „Ältere römische Kursive"? Kennt er die Tücken der spätmittelalterlichen „gotischen Minuskelschriften", bei denen sich Buchstabenfolgen zu nur schwer entwirrbaren Gatterzäunen verdichten können? All dies führt nur zu vergeblichen Versuchen einer Interpretation.

Auf diese schriftgeschichtlichen Assoziationen sei deswegen hingewiesen, da Prelog als Fachmann dieses Metiers anzusehen ist. So übernahm er auf Grund seiner skripturalen Werke und Erfahrungen bereits 1974 einen Lehrauftrag an der Akademie der bildenden Künste in Wien, in dessen Rahmen er bis 1997 Studenten des Lehramts für bildnerische Erziehung nicht nur in Schriftgestaltung unterrichtete, sondern auch die Grundzüge der europäischen Schriftgeschichte zu vermitteln hatte.

Beim inhaltlichen Erfahren und Erforschen von Prelogs Schriftbildern verhelfen eigentlich nur ein wenig die vom Künstler selbst gewählten Bildtitel. Und die sind variantenreich, poetisch und abermals recht verwirrend. Benennungen wie „Herr Hochgesandt", „Die Jause der Raben" oder „Oktoberschmerz" mögen persönlichen Reminiszenzen entsprungen sein oder vermitteln bestenfalls eine Stimmung, sind aber für den Betrachter nur von sekundärer Bedeutung. Vielmehr bezeugen sie einen ironisch-heiteren Umgang mit der eigenen Befindlichkeit oder sind Ausdruck eines liebenswürdig surrealen Bemühens, die gezeugten Kinder mit prägnanten Namen zu versehen.

Stellen wir Prelogs Schriftkunst in einen größeren Zusammenhang, so ist die Verweigerung der inhaltlich-verbalen Komponente, die ja, gehen wir von den Anfängen der Schriftlichkeit aus, das ursprüngliche Kennzeichen jeder Schrift ist, kein singuläres Phänomen. Im Sommer 1993 wurde im Wiener Rathaus die Ausstellung „Das andere Buch" gezeigt. Absicht der Kuratoren war es damals, nicht gediegene Künstlerbücher zu präsentieren, die sich durch Illustration, Typographie oder bibliophile Gestaltung von der Masse der handgeschriebenen oder gedruckten Bücher unterscheiden, sondern solche Buchobjekte, die sich der sprachgebundenen Informationsvermittlung entzogen hatten. Es war verblüffend zu sehen, wie viele wichtige Künstler sich mit der oft objektartigen Buchähnlichkeit ohne Textvermittlung auseinandergesetzt hatten.

Auch bei Drago Prelog wird das Thema „Schrift" zum autonomen Medium, und lediglich der allgemeine, oft nur flüchtig aufgenommene optische Eindruck bewahrt noch die Zuordnung zu einer – eigentlich nicht mehr existierenden – Schriftlichkeit.

Prelogs durch ästhetische Kriterien legitimierte Abwendung von der Lesbarkeit ist jedoch, um es im übertragenen Sinn zu charakterisieren, kein Bildersturm gegen die Tradition. Im Gegenteil: Ohne Konzentration und Disziplin, wie sie für viele mittelalterliche Mönche oder Schreiber kennzeichnend ist, hätte Prelogs Werk nicht entstehen können. Typisch dafür ist auch, dass er mit großer Akribie seine Arbeit stets selbst dokumentiert. Es gibt wohl kaum einen zeitgenössischen Künstler, der Themen und Chronologie des eigenen Werkes so exakt zu registrieren verstand, ohne sich dabei in kleinlicher Selbstbespiegelung zu verlieren.

Zu seinen Schriftbildern, die immer wieder, oft über Jahre hinweg, von anderen Werkgruppen, von formalen und thematischen Inventionen sowie von diversen Techniken überlagert, bisweilen auch verdrängt wurden, ist Prelog immer wieder zurückgekehrt, ja es gibt sogar einen neuerlichen Versuch, sich wieder der herkömmlichen Schriftlichkeit anzunähern. 1981 entwickelte er abermals ein „persönliches Alphabet", eine kräftig reduzierte Buchstabenfolge, die er aus den vertrauten lateinischen Lettern ableitete.

Sucht man nach künstlerischen Parallelerscheinungen in der Kunst des 20. Jahrhunderts, so erinnert man sich in formaler Hinsicht am ehesten an den Franzosen Henri Michaux (1899-1984), der jedoch stets dem Literarischen verbunden blieb. Doch dessen Werk konnte man hierzulande eigentlich nie zur Kenntnis nehmen, es blieb bis heute so gut wie unbekannt.

Prelogs Kunst des Schreibens ist ein letztlich aus unserer Schriftgeschichte erwachsener, singulärer und originärer, äußerst bemerkenswerter Beitrag zur zeitgenössischen Kunst Mitteleuropas.

Hommage à 1982

MÄHBEWEGUNGEN

Acryl auf Leinwand
140 x 120 + 11 cm
sign. dat. Prelog 2000

XXIV

Eine unruhige, willkürliche, meist schwarze Untergrundstruktur bildet den Kontrast zu einer lapidaren, farbfrohen Bewegungsspur.

98

Es sollte ein i werden, 1981
Aquarell, Acryl, Tusche auf Papier
29,5 x 40,4 cm
sign. dat. Drago j. Prelog 1981

99

Kleine Kreismeditation II, 1982
Collage mit Aquarellspritzern, Tusche auf Papier
27,1 x 41,2 cm
sign. dat. Drago j. Prelog 1982

100

Schattenmeditation, 2004
Collage, Tusche auf Papier
41,3 x 53,4 cm
sign. dat. Prelog 2004

101
„i", 1980
Aquarell, Collage, Kreide auf Papier
39 x 61 cm
sign. dat. Drago j. Prelog 1980

Hommage à 1983

NEUSKRIPTURALE

Acryl auf Leinwand
140 x 120 + 11 cm
sign. dat. Prelog 2000

XXV

Workshop Alte Schmiede am 9. Juni 1983 –
Überarbeitung einer Partitur von Thomas Pernes bei Musik.
Im Hintergrund Wolfgang Reisinger am Schlagzeug.

1983 erfolgte eine Renaissance der skripturalen Arbeiten. Anders als in den 1960er Jahren waren sie nun meistens im Horizontalformat gefertigt.

102
Porträt eines Malers, 1983
Zinkblech, Aluminium, Nylon, Buntstift
64 x 64 cm
sign. dat. Drago j. Prelog 1983

103
Herbstzunge, 1983
Collage, Acryl, Tusche auf Papier
86 x 41,8 cm
sign. dat. Drago j. Prelog 23. 9. 1983
Sammlung Wagner

104

Fata Morgana, 1971 und 1983
Collage, Acryl auf Radierung
50,7 x 74,4 cm
sign. dat. Drago j. Prelog 11.1.1983

Hommage à 1984

KREUZIKONEN

Acryl auf Leinwand
140 x 120 +11 cm
sign. dat. Prelog 2000

XXVI

Hier war die Herausforderung, aus zwei verschiedenen Phasen meines Œuvres ein Bild zu machen.

105
Kreuzikone, 1984
Acryl, Spagat auf Leinwand
150 x 40 cm
sign. dat. Drago j. Prelog 1984

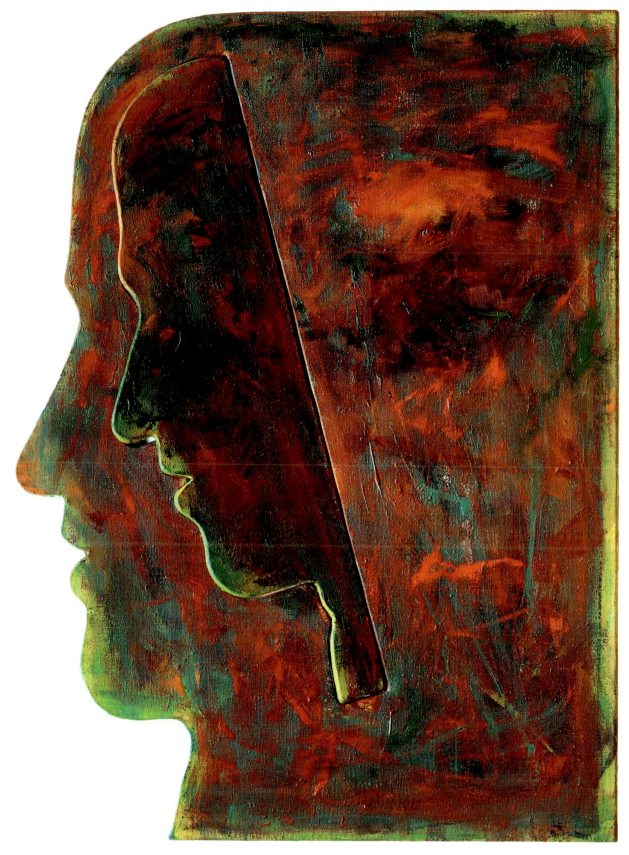

106
Wunschkind, 1984
Acryl auf Leinwand
120 x ca. 100 cm
sign. dat. Drago j. Prelog 1984

Hommage à 1985

OBJEKTBILDER

Acryl auf Leinwand, Holz lackiert (beweglich)
140 x 120 + 11 cm oben
sign. dat. Prelog 2000

XXVII

107
Rechtsorientiert, 2001
Acryl auf Leinwand
90 x 75 + 8,3 cm
sign. dat. Prelog 2001

Bastelarbeit kombiniert mit Malerei steigert die Arbeitsfreude.

Hommage à 1986

ROTATIONSBILDER

Acryl auf Leinwand
140 x 120 + 11 cm
sign. dat. Prelog 2000

XXVIII

Einige Bilder wurden ferngesteuert gemalt.

Diese Bilder wurden auf einer rotierenden Scheibe in Draufsicht gemalt. Es galt der mechanisch kalten Rundform Leben einzuhauchen.

Nur einen Ausschnitt am Bildrechteck aufscheinen zu lassen soll bewirken, dass der Betrachter sich die komplette Kreisform außerhalb der Bildgrenzen vorstellen muss. Das Sichtbare am Bild ist lediglich der Denkanstoss.

109
Besonders seltenes Kompositionsprinzip, 1986
Collage, Acryl, Tusche auf Papier
41,5 x 59,5 cm
sign. dat. Drago j. Prelog 1986

108
Das Geschehen entgleitet, 1986
Acryl auf Leinwand
100 x 40 cm
sign. dat. Drago j. Prelog 1986

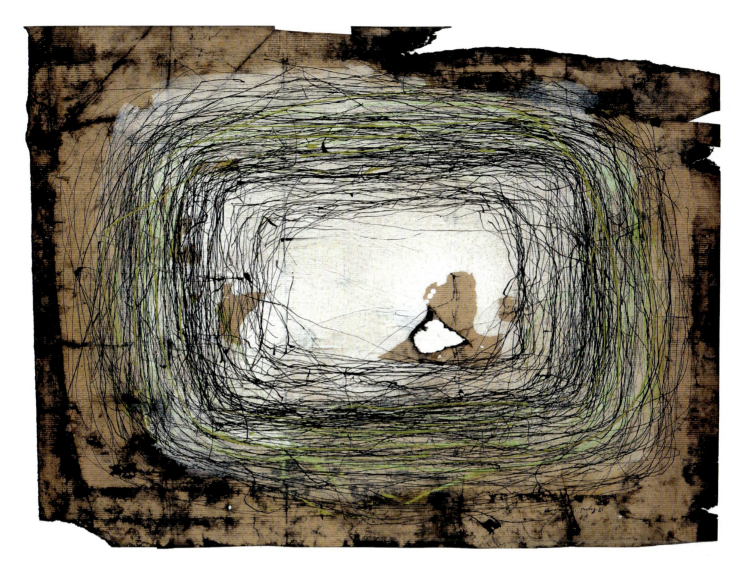

110
Zeitloch, 1985
Collage, Tusche, Acryl auf Papier
58 x 78,5 cm
sign. dat. Drago j. Prelog 1985

Hommage à 1987

SCHUPPENHÄUTE

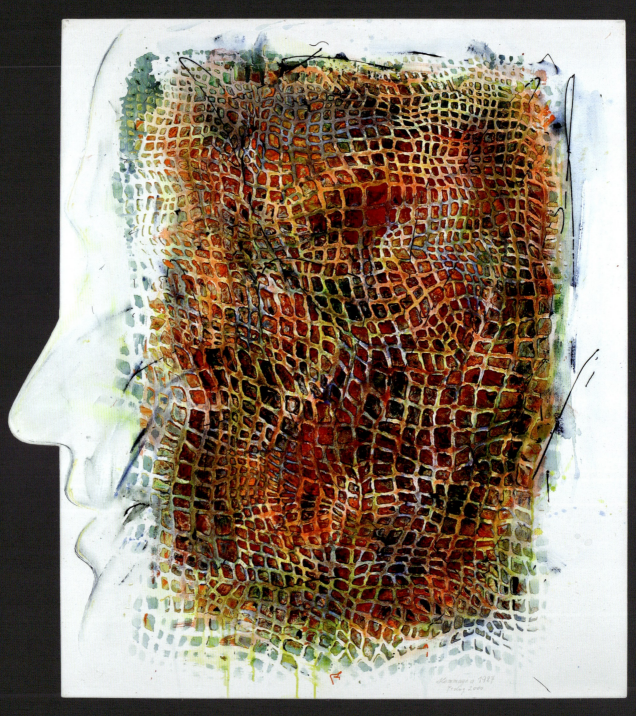

Acryl auf Leinwand
140 x 120 + 11cm
sign. dat. Prelog 2000

XXIX

111
Mitternachtshaut, 1987
Collage, Acryl auf Leinwand
40 x 100 cm
sign. dat. Drago j. Prelog 1987

1986 waren Reptilmuster in der Bekleidungsindustrie en vogue. Es reizte mich, dieser trivialen Erscheinung in meiner Malerei Tribut zu zollen. Unzählige Schablonen sowie die Entwicklung in der Farbindustrie ermöglichten jene Technik, welche ich in Kombination mit herkömmlichen druckgraphischen Techniken scherzhaft „Prelographie" nannte.

112
Schuppen überm Profil, 1987
Acryl auf Leinwand
150 x 85 cm
sign. dat. Drago j. Prelog 1987

113
Krummrückenhaut, 1987
Acryl, Tusche auf Papier
58,8 x 72,5 cm
sign. dat. Drago j. Prelog 1987

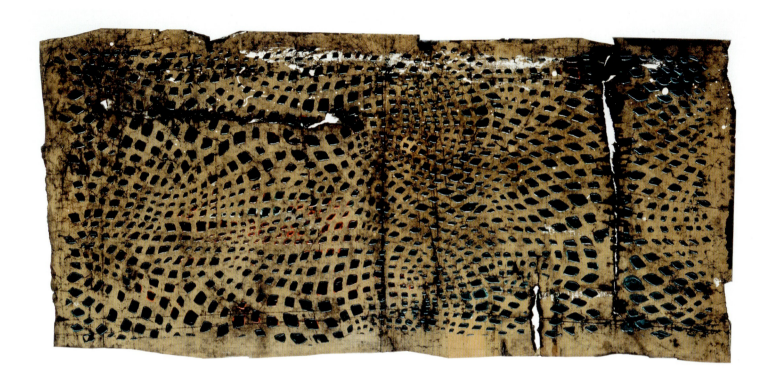

114
Mehrfach gerissene Haut, 1987
Collage, Acryl auf Leinwand
70 x 135 cm
sign. dat. Drago j. Prelog 1987

HAUT-/RINDENBILDER

Acryl auf Leinwand
140 x 120 + 11 cm
sign. dat. Prelog 2000

115
Keine Angst vor Reptilien, 1989
Acryl auf Leinwand
120 x 150 cm
sign. dat. Drago j. Prelog 1989

Es ist die sichtbare Erscheinung, das spezifische Muster etwa eines Reptils, das uns – gepaart mit Erfahrung und Wissen – in Sekundenbruchteilen erkennen lässt, ob unser Leben bedroht ist oder nicht. Kategorisiert werden Schlangenmuster zur Schrift.

116

Mexikanische Haut, 1988
Acryl auf Leinwand
70 x 90 cm
sign. dat. Prelog 1988
Sammlung Wagner

117

Schweizer Pergament, 1988
Collage, Acryl auf Papier
41,5 x 59,2 cm
sign. dat. Drago j. Prelog 1988
Sammlung Wagner

118
Das Urteil des Paris, 1988
Acryl auf Leinwand
180 x 160 cm
sign. dat. Drago j. Prelog 1988
Sammlung Fritsche

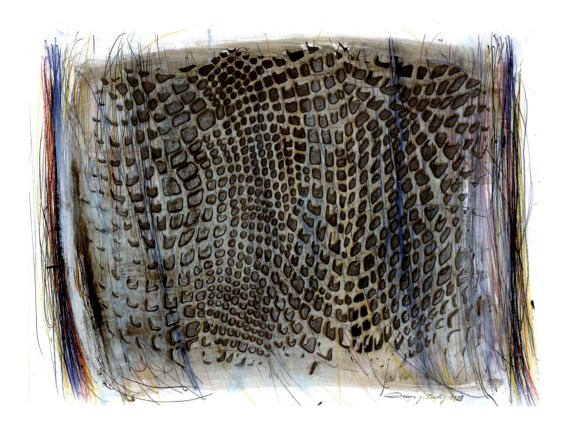

119
Waschhaut, 1988
Tusche, Buntstift, Acryl auf Papier
41 x 57,6 cm
sign. dat. Drago j. Prelog 1988

120
Wir machen uns nichts draus, 1988
Tusche, Acryl auf Papier
58,5 x 85 cm
sign. dat. Drago j. Prelog 1988

121
Bunter Schuppennebel, 1988
Acryl auf Leinwand
130 x 100 cm
sign. dat. Drago j. Prelog 1988

V-HÄUTE

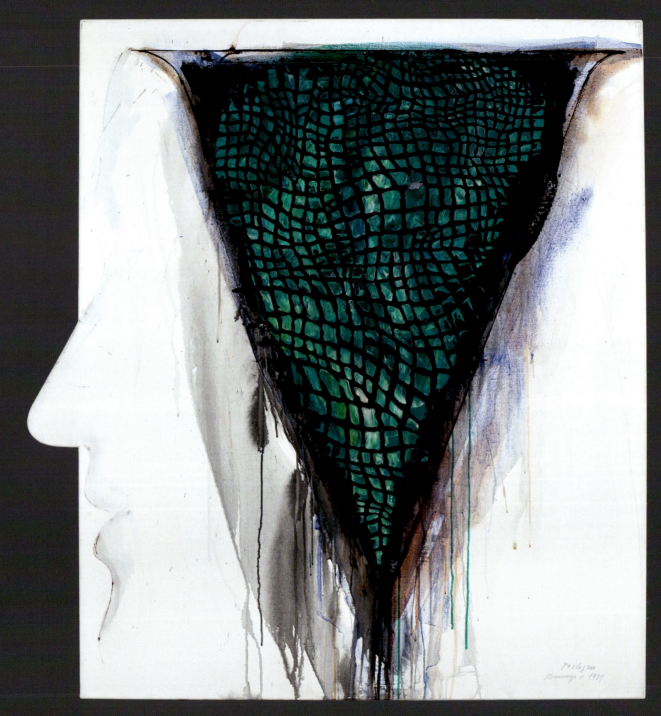

Acryl auf Leinwand
140 x 120 + 11 cm
sign. dat. Prelog 2000

XXXI

122
„V", 1995
Acryl, Tusche auf Papier
52 x 40 cm
sign. dat. Prelog 1995

In meinem PERSÖNLICHEN ALPHABET ist das „V" stets mit Schuppen gefüllt.

123
Schuppen-Vliess, 1989
Grafitstift, Acryl auf Papier
59,4 x 84,7 cm
sign. dat. Drago j. Prelog 1989

124

„V", 2007
Acryl, Tusche auf Papier
38 x 27,8 cm
sign. dat. Prelog 2007

125

„V", 2007
Acryl, Tusche auf Papier
37 x 28,4 cm
sign. dat. Prelog 2007

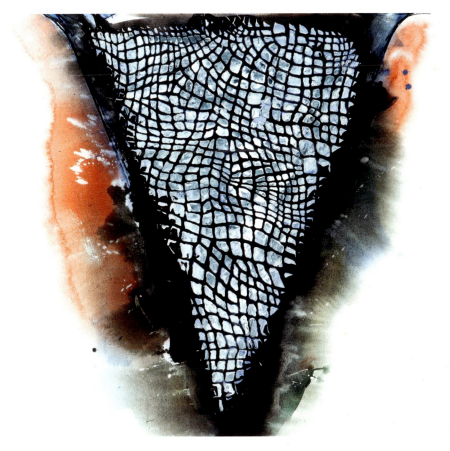

126

Schuppen im „V", 1989
Acryl auf Leinwand
120 x 150 cm
sign. dat. Drago j. Prelog 1989

Hommage à 1990

HEMDEN

Acryl auf Leinwand
140 x 120 + 11 cm
sign. dat. Prelog 2000

XXXII

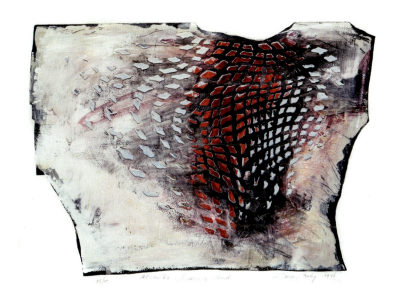

127
Schweizer Hemd, 1991–2003
Farbradierung übermalt mit Acryl
55,6 x 77 cm
sign. dat. Prelog 2003

Diese Form erinnert an ein Hemd. Ich bin zufällig auf sie gestoßen und habe sie seither in verschiedenen Techniken und Formaten variiert.

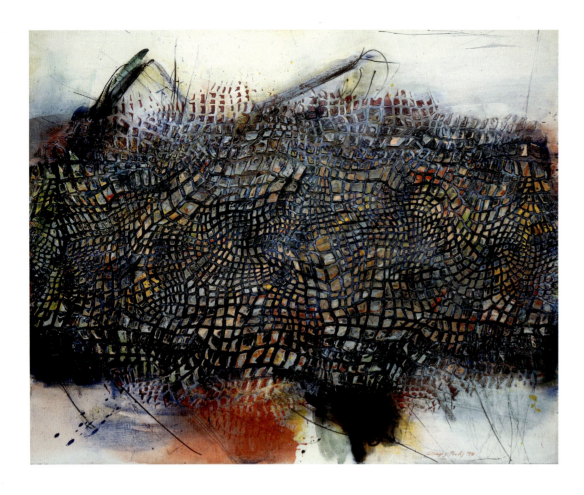

128

Orientalische Geheimnisse, 1990
Acryl auf Leinwand
120 x 150 cm
sign. dat. Drago j. Prelog 1990

129

Bewegung, 1990
Wein, Tusche, Acryl auf Papier
39,7 x 63,5 cm
sign. dat. Drago j. Prelog 1990

130
Verschiedene Strukturen, 1990
Acryl auf Leinwand
160 x 180 cm
sign. dat. Drago j. Prelog 1990

131
Mit rotem Balken, auf rotem Balkon,
am roten Balkan, 1990
Acryl auf Leinwand
35 x 50 cm
sign. dat. Drago Julius Prelog 1990

132
Mit viel Blau, 1992
Tusche, Acryl auf Papier
40,6 x 59,6 cm
sign. dat. Prelog 1992

133
Wer kennt den Titel?, 1991
Tusche, Acryl auf Papier
38,9 x 57 cm
sign. dat. Prelog 1991

134

Haut oder Rinde?, 1990
Acryl auf Leinwand
120 x 40 cm
sign. dat. Drago j. Prelog 1990

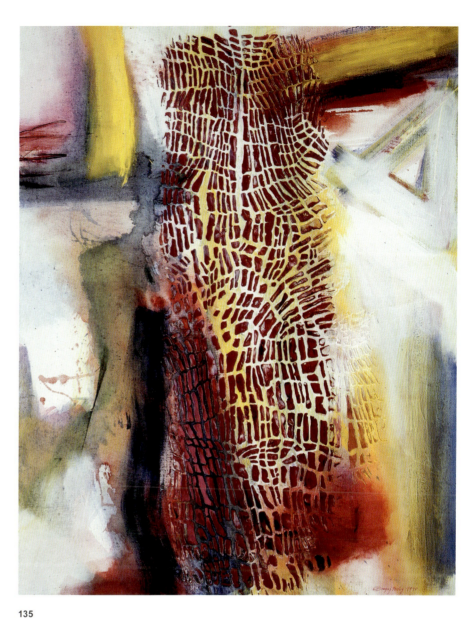

135

Aufragendes Schuppengebilde, 1990
Acryl auf Leinwand
150 x 120 cm
sign. dat. Drago j. Prelog 1990

Acryl auf Leinwand
140 x 120 + 11 cm
sign. dat. Prelog 2000

XXXIII

Atelier Neustiftgasse 88, Wien
Am oberen Bildrand ist ein Teil der „Sorgenschaukel" zu sehen.

Hommage à 1992

SCHUPPENBAHNEN

Acryl auf Leinwand
140 x 120 + 11 cm
sign. dat. Prelog 2000

136

Mit Spalte, 1993
Acryl auf Leinwand
120 x 150 cm
sign. dat. Prelog 1993

Hommage à 1993

SCHUPPENBLÖCKE

Acryl auf Leinwand
140 x 120 + 11 cm
sign. dat. Prelog 2000

XXXV

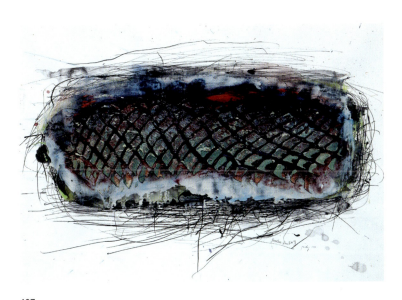

137
Großer Freitag, 1993
Tusche, Acryl auf Papier
41 x 59,5 cm
sign. dat. Prelog 1993

138

Ohne Kommentar, 1993
Acryl, Tusche auf Papier
41,4 x 59,8 cm
sign. dat. Prelog 1993

139

Zwiegespräch, 1991–1992
Acryl auf Papier
46,7 x 61,8 cm
sign. dat. Prelog 1991–92

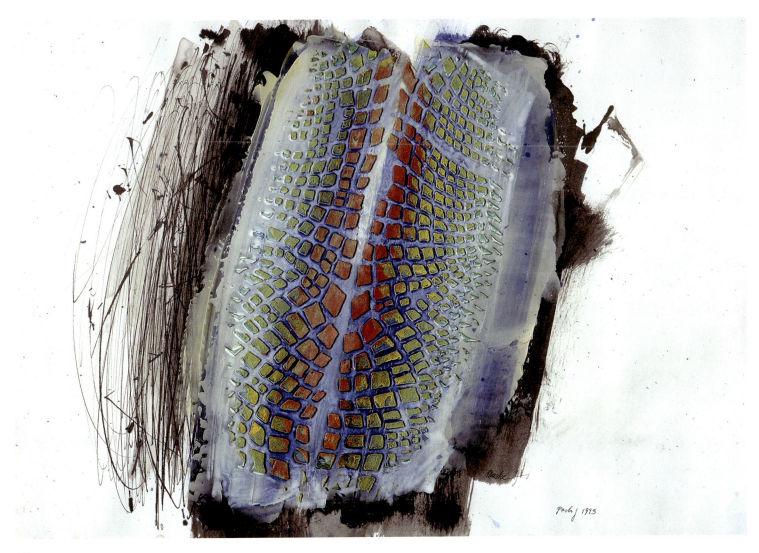

140
Maske, 1993
Tusche, Acryl auf Papier
41 x 59,6 cm
sign. dat. Prelog 1993

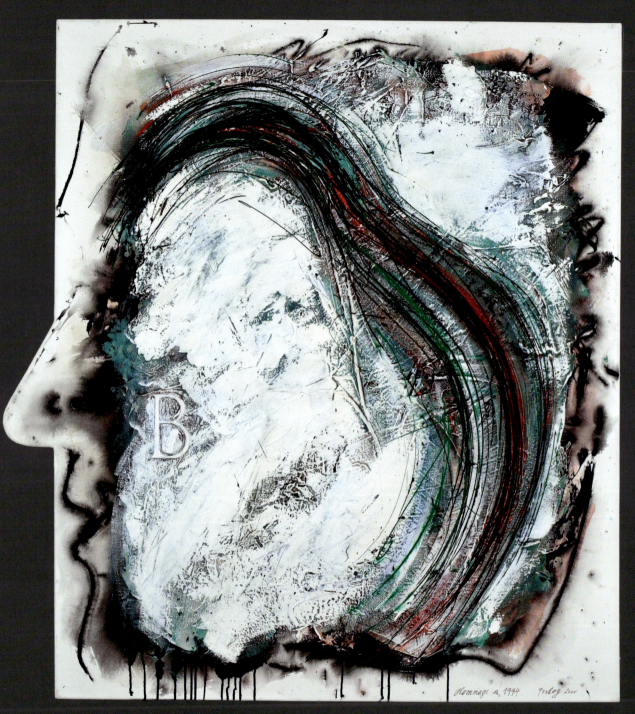

Acryl auf Leinwand
140 x 120 + 11 cm
sign. dat. Prelog 2000

XXXVI

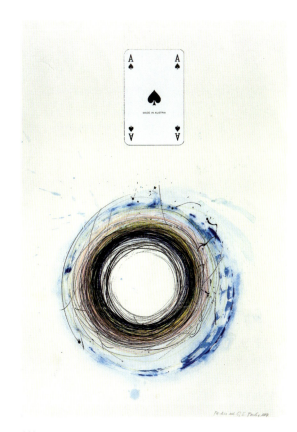

141
Pic-ass-o II, 2004
Acryl, Tusche, Collage auf Papier
56,5 x 39,5 cm
sign. dat. Prelog 2004

Buchstaben als Bildmotiv sind ein unerschöpfliches Thema.

142

Gelbes Jot, 1994
Collage, Acryl, Tusche auf Papier
55,6 x 38,3 cm
sign. dat. Prelog 1994

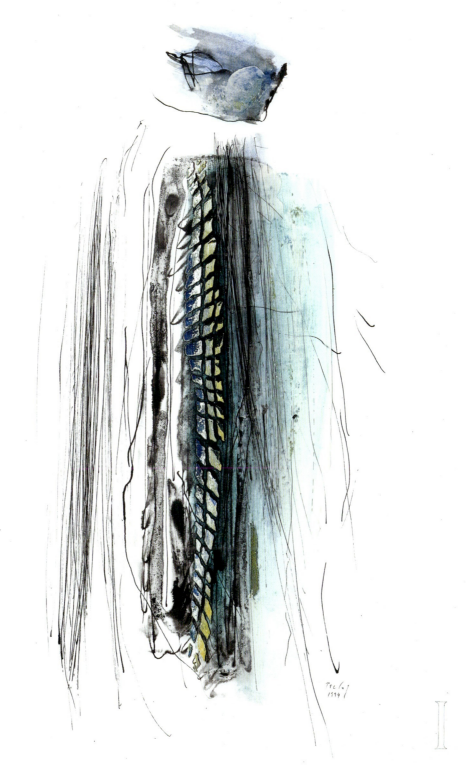

143
„i", 1994
Tusche, Acryl auf Papier
56 x 38 cm
sign. dat. Prelog 1994

Acryl auf Leinwand
140 x 120 + 11 cm
sign. dat. Prelog 2000

144
„T", 2004
Acryl auf Leinwand
70 x 60 cm
sign. dat. Prelog 2004

145
„Y", 1995
Acryl, Tusche auf Papier
52 x 40 cm
sign. dat. Prelog '95

146
Schlangenbein?, 1997
Acryl auf Leinwand
90 x 70 cm
sign. dat. Prelog '97

Hommage à 1996

ENSEMBLEBILDER

Acryl auf Leinwand
140 x 120 + 11 cm
sign. dat. Prelog 2000

XXXVIII

147

Polnisches Alphabet, 2002 (26-teilig)
Acryl auf Leinwand
Jeder Buchstabe 70 x 60 cm
sign. dat. Prelog 2002
(Heute befindet sich das Ensemble im Museum Angerlehner in Wels)

1996/97 entstanden Buchstabenbilder auf aquarellhaft, lasierend zartem Grund, die sich an eine eingeschränkte Farbwahl (meist blau, rot, gelb) hielten und sich durch diese Einheitlichkeit zu großen Alphabeten zusammenfügen ließen.

148
„X", 1996 (Winterserie)
Acryl, Tusche auf Papier
38 x 28 cm
sign. dat. Prelog 96

149
„R", 1996 (Winterserie)
Acryl, Tusche auf Papier
38 x 28 cm
sign. dat. Prelog 96

150
„C", 1995
Collage, Acryl, Tusche auf Papier
38 x 28,5 cm
sign. dat. Prelog 95

151

152

153

154

155

156

157

158

159
Rot und Ocker, 1998
Acryl auf Leinwand
95 x 110 cm
sign. dat. Prelog '98

Seite 190 Abb. 151–154

Seite 191 Abb. 155–158

151
Schon wieder ein „O", 1997
Tusche, Acryl, Gesso auf Papier
57,6 x 41,2 cm
sign. dat. Prelog 97

152
Da war einmal ein „B", 1997
Acryl, Tusche auf Papier
56 x 40 cm
sign. dat. Prelog 1997

155
Raum-„M", 1997
Acryl, Tusche auf Papier
56 x 41 cm
sign. dat. Prelog 1997

156
„O", 1997
Tusche laviert auf Papier
57,8 x 41,5 cm
sign. dat. Prelog 1997

153
„A"-Anregung mit Rosabegleitung,
1997, Tusche, Acryl auf Papier
50 x 40 cm
sign. dat. Prelog 97

154
Ring, 1997-1999
Acryl auf Leinwand
105 x 90 cm
sign. dat. Prelog 1997-99

157
Ohne Titel, 1998
Acryl auf Leinwand
100 x 75 cm
sign. dat. Prelog '98

158
„B", 1996-98 (Großes Alphabet)
Acryl auf Leinwand
90 x 75 cm
sign. dat. Prelog 1997

160
„O", 1996
Collage, Tusche, Grafitstift auf Papier
57 x 41 cm
sign. dat. Prelog 96

Hommage à 1997

DOPPEL-U

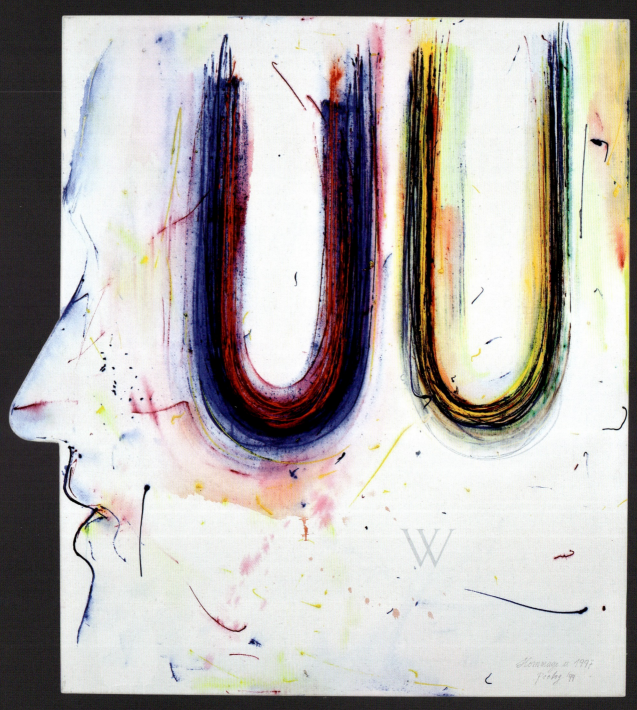

Acryl auf Leinwand
140 x 120 + 11 cm
sign. dat. Prelog '99

XXXIX

161
Mein Persönliches Alphabet, 1997
Aquatinta, Chin collé (2 Platten, 5 Collagen)
120 x 80 cm
hergestellt und gedruckt in der Werkstatt
von Kurt Zein, Wien

Diese Arbeit wurde eigens für die 4. Internationale Print Biennale in Sapporo in einer geringen Auflage gedruckt. Anschließend wurden die beiden Platten so zerschnitten, dass ich daraus mein „REISEALPHABET" in einer Auflage von 50 Stück drucken konnte.

Hommage à 1998

BILDESBILDER

Acryl auf Leinwand
140 x 120 + 11 cm
sign. dat. Prelog 2000

162
Bildesbild II, 1961
Collage, Aquarell, Buntstift auf Papier
65 x 48 cm
sign. dat. Drago 29.10.1961

Die Idee, Bildesbilder zu malen, geht auf das Jahr 1960 zurück, als ich aus Platzmangel meine Bilder gelegentlich übereinander an die Wand hängte.

Acryl auf Leinwand
140 x 120 + 11 cm
sign. dat. Prelog 1999

XLI

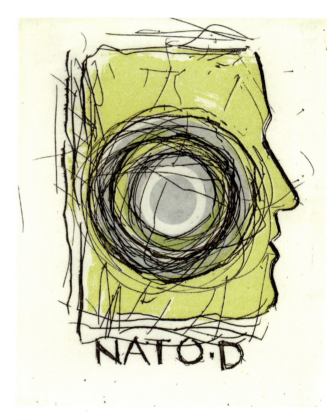

163
NATO·D, 1999
Ätzradierung, Aquatinta auf Collage
12 x 10 cm (Originalgröße)
Auflage 78 Stück
sign. dat. Prelog 1999
Diese Radierung entstand als Neujahrsgruß,
um BESSERE ZEITEN einzumahnen

Der Titel der Bilderserie NATO·D wurde aus den Begriffen NATO und Tod gebildet.

164
Natod, 1999
Acryl, Tusche auf Papier
57,1 x 41,2 cm
sign. dat. Prelog '99

165
Kriegsikone, 1999
Acryl, Tusche auf Papier
57,8 x 41,4 cm
sign. dat. Prelog 99

BOMBEN WERFEN BLEIBT IMMER
EIN VERBRECHEN

166
Fragekopf, 1999
Tusche laviert auf Papier
87,5 x 59,5 cm
sign. dat. Prelog 99

167
Kratzkopf, 1999
Acryl, Tusche auf Papier
58,8 x 41,9 cm
sign. dat. Prelog 99

168
Buchkopf, 1999
Tusche, laviert auf Papier
57,1 x 40,3 cm
sign. dat. Prelog 99

169
„S"-Kopf, 1999
Tusche, Acryl auf Papier
57,3 x 41,3 cm
sign. dat. Prelog 99

170
Dramatische Erscheinung, 1999
Acryl auf Papier
58 x 45 cm
sign. dat. Prelog '99

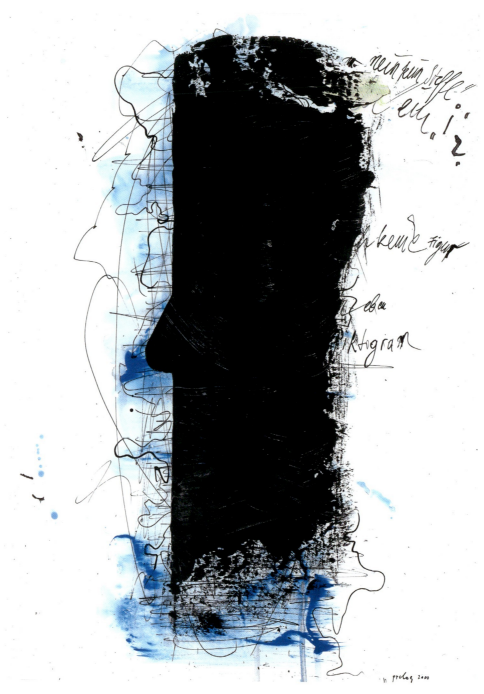

171
„Totem", 2000
Tusche, Acryl auf Papier
57,6 x 41,1 cm
sign. dat. Prelog 2000

172
Ahmad, 1999
Acryl auf Leinwand
40 x 30 cm
sign. dat. Prelog '99

Hommage à 2000

OHRFEIGEN

Acryl auf Leinwand
140 x 120 + 11 cm
sign. dat. Prelog 2000

Mähbewegung hochgestellt

173
Fein reduziert, 2000
Acryl, Tusche auf Papier
52,1 x 40,9 cm
sign. dat. Prelog 2000

174
Rotarier-schwarz, 2000
Tusche laviert auf Papier
56 x 39,5 cm
sign. dat. Prelog 2000

175

Mann mit Ohrfeige, 2000
Acryl auf Papier
57,5 x 41 cm
sign. dat. Prelog 2000

176

Warum so viel Folklore?, 1999–2000
Acryl auf Leinwand
90 x 45 + 8 cm
sign. dat. Prelog 1999–2000

Hommage à 2001

SCHAUKELNASEN

Acryl auf Leinwand
140 x 120 + 11 cm
sign. dat. Prelog 2009

XLIII

Einblick in das Atelier Neustiftgasse 88

2001 tauchten die Schaukelnasen als Windsbräute in einer Ausstellung im Meteorologischen Institut auf der Hohen Warte in Wien auf.

Hommage à 2002

JANUSKÖPFE

Acryl auf Leinwand
140 x 120 + 11 cm
sign. dat. Prelog 2009

XLIV

Bewegung, Bewegung, Bewegung

177

Sturmbraut, 2002
Acryl, Grafitstift auf Papier
47 x 67 cm
sign. dat. Prelog 2002

178

Rot-schwarze Bewegung, 2001-02
Acryl, Tusche, Grafitstift auf Papier
46,6 x 61,8 cm
sign. dat. Prelog 2001-02

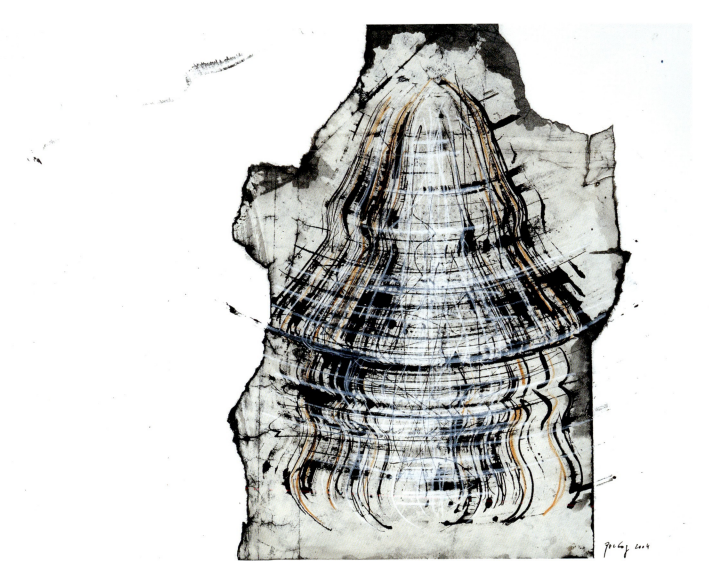

179
Janus im August, 2004
Collage, Tusche, Buntstift auf Papier
41,6 x 59,2 cm
sign. dat. Prelog 2004

Hommage à 2003

STRUBELKÖPFE

Acryl auf Leinwand
140 x 120 + 11 cm
sign. dat. Prelog 2003

XLV

180

Wolkenkopf, 1999
Tusche auf Papier
59,2 x 42 cm
sign. dat. Prelog 99

181

Vor Davuls Geburtstag, 2004
Acryl, Tusche auf Papier
44,4 x 56,2 cm
sign. dat. Prelog 2004

182
Mai-Mann graubraun, 2002
Acryl auf Leinwand
100 x 120 cm
sign. dat. Prelog 2002

183

Ein richtiges Nest, 2004
Acryl auf Leinwand
70 x 80 cm
sign. dat. Prelog 2004

Hommage à 2004

BI-HOMMAGEN

Acryl auf Leinwand
140 x 120 + 11 cm
sign. dat. Prelog 2009

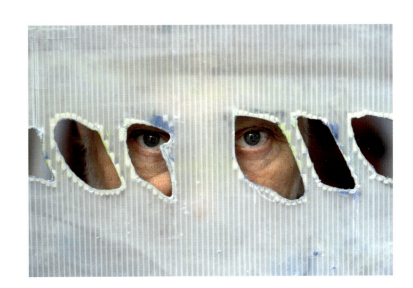

„BI" steht für Bischoffshausen und geht auf meine frühe Bewunderung für diesen Künstler zurück.

Hommage à 2005

KRUSTENSKRIPTURALE

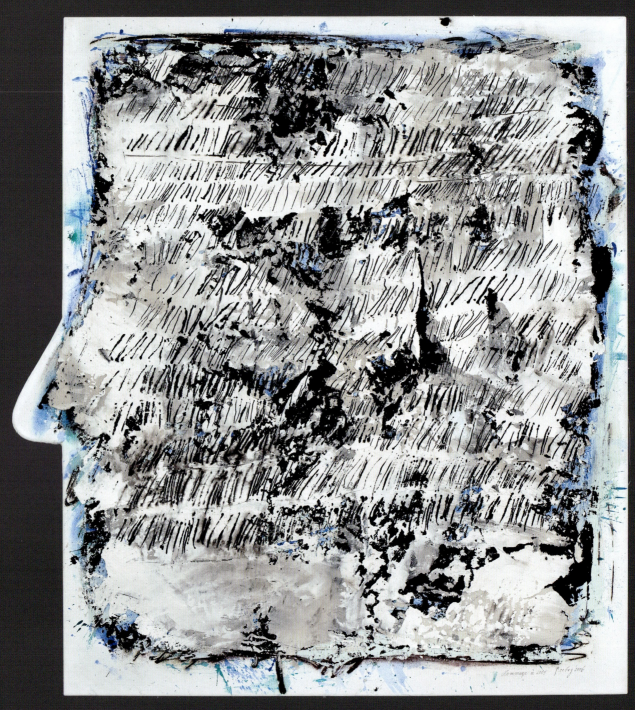

Acryl auf Leinwand
140 x 120 + 11 cm
sign. dat. Prelog 2006

XLVII

Drago Prelog
Covergestaltung für die CD
der reformARTmusic
Wien, 2012

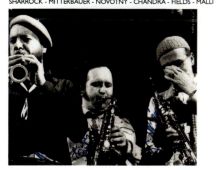

Das Skripturalthema beschäftigte mich mein ganzes Leben lang, aber erst in jüngster Zeit gelang es mir, Vorstellungen und Träume aus den 1960er-Jahren zu realisieren.

184
Drago zeichnet, 2002–2004
Acryl auf Leinwand
140 x 160 cm
sign. dat. Prelog 2002–04

185
Zweigeteilt, 2006
Acryl auf Leinwand
180 x 160 cm
sign. dat. Prelog 2006

186

Schwarz-weiß, 2006
Acryl auf Leinwand
200 x 150 cm
sign. dat. Prelog 2006
Galerie Weihergut

187
Nach indischem Teppich, 2005
Acryl auf Leinwand
180 x 100 cm
sign. dat. Prelog 05

Hommage à 2006

EXPRESSIVUMLÄUFE

Acryl auf Leinwand
140 x 120 + 11 cm
sign. dat. Prelog 2006

XLVIII

188
Osterikone, 2006
Acryl auf Leinwand
100 x 120 cm
sign. dat. Prelog 2006

In den letzten Jahren wechseln Umlauf- und Skripturalbilder einander ab.
2006 entstanden auch Bilder, in denen nur mein Arm (nicht der ganze Körper) „umläuft". Dadurch entsteht eine geschliffenere Umlaufspur.

189
Stürmisch kontrolliert, 2005
Acryl auf Leinwand
100 x 120 cm
sign. dat. Prelog 2005

190
Weiße Ferne, 2005
Acryl auf Leinwand
60 x 70 cm
sign. dat. Prelog 2005

Hommage à 2007

SKRIPTURALBLÖCKE

Acryl auf Leinwand
140 x 120 + 11 cm
sign. dat. Prelog 2007

Einladungskarte Galerie Gerersdorfer 2006

Das Bild schwebt auf der Leinwand und lässt den schichtweisen Aufbau erkennen.

Hommage à 2008

KREUZALPHABETE

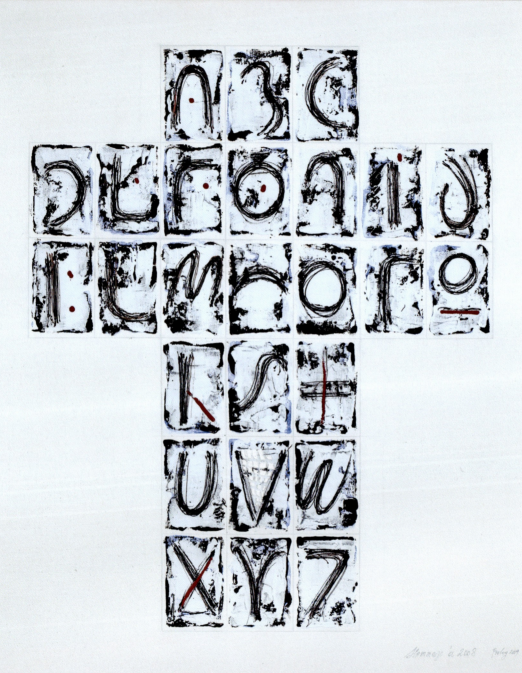

Acryl auf Leinwand
140 x 120 + 11 cm
sign. dat. Prelog 2008

L

Mit dem Gehilfen Jan Pastuła

Die 26 Buchstaben kann man natürlich auch als Kreuzform anordnen.

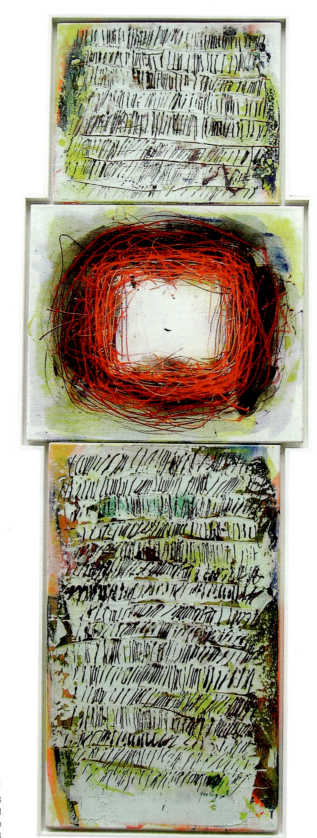

191
Kreuzikone hellgrün, 2008
Acryl auf Leinwand
170 x 60 cm
sign. dat. Prelog 2008

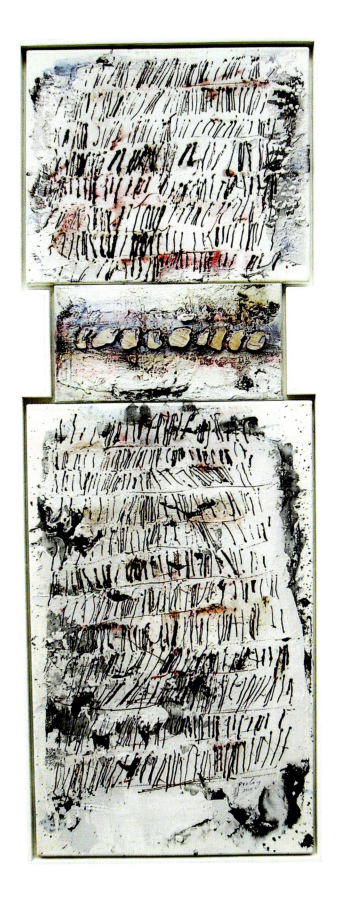

192

Heidenkreuz 3, 2008
Acryl auf Leinwand
140 x 50 cm
sign. dat. Prelog 2008

Hommage à 2009
VERKEHRSBILDER)

Acryl auf Leinwand
140 x 120 + 11 cm
sign. dat. Prelog 2014

LI

Smilja und Drago

In den 1980er Jahren waren etliche waagrechte Linienbahnen als Rudiment einer kompletten Umlaufspur entstanden. Ich griff nun neuerdings auf dieses Thema zurück, als mich Aufnahmen langgezogener Lichtkegel in der Nacht fahrender Autos begeisterten.

193

Südbahn, 2012
Acryl auf Leinwand
75 x 95 cm
sign. dat. Prelog 2012

194

Bald kommt Melita, 2012
Acryl auf Leinwand
90 x 110 cm
sign. dat. Prelog 2012

195

Sonntagslinien, 2012
Acryl auf Leinwand
120 x 150 cm
sign. dat. Prelog 2012

196
Es bleibt so, 2013
Acryl auf Leinwand
200 x 140 cm
sign. dat. Prelog 2013

Hommage à 2010

THERAPIEBILDER

Acryl auf Leinwand
140 x 120 + 11 cm
sign. dat. Prelog 2014

LII

2009 war meine Frau Smilja gestorben. Im darauf folgenden Jahr malte ich so viele Bilder wie nie zuvor in meinem Leben.

Hommage à 2011
MISCHFORMEN

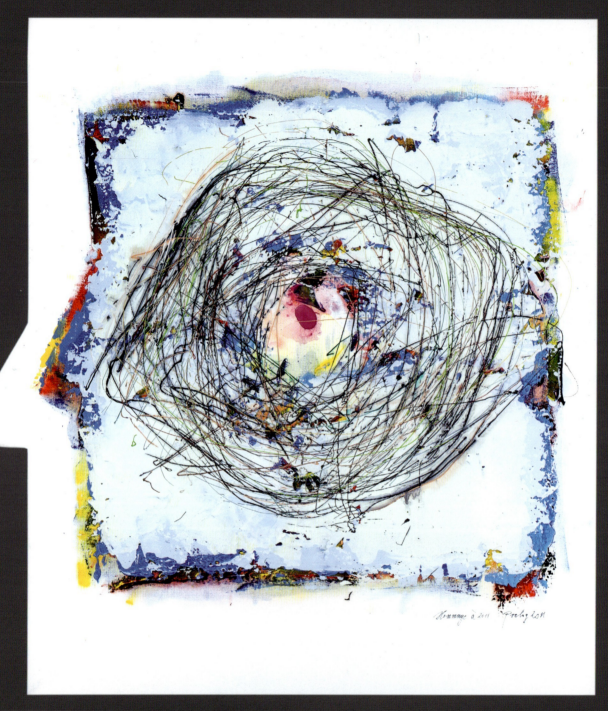

Acryl auf Leinwand
140 x 120 + 11 cm
sign. dat. Prelog 2011

the garden

reform ART orchestra

Bereits in meinen Anfängen empfand ich eine enge Verwandtschaft zwischen meiner Malerei und frei improvisierter Musik. 2011/2012 kam es zur Zusammenarbeit mit Fritz Novotny und der Reform Art Unit.

Hommage à 2012

MELITABILDER

Acryl auf Leinwand
140 x 120 + 11 cm
sign. dat. Prelog 2014

LIV

Ausstellungseröffnung in Beograd am 24. Juni 2013
Grafički Kolektiv
Drago mit Melita

2012 trat eine neue Frau in mein Leben.

197

198

199

200

197
Sonntagmorgen, 2012
Acryl auf Leinwand
100 x 120 cm
sign. dat. Prelog 2012

198
Schwebenest auf Schwebegrund, 2013
Acryl auf Leinwand
100 x 120 cm
sign. dat. Prelog 2013

199
Kreisnest, 2013
Acryl auf Leinwand
100 x 120 cm
sign. dat. Prelog 2013

200
Wie damals, 2012
Acryl auf Leinwand
140 x 160 cm
sign. dat. Prelog 2012

201
Herbst, 2013
Acryl auf Leinwand
100 x 120 cm
sign. dat. Prelog 2013

202
Eine neue Woche, 2013
Acryl auf Leinwand
100 x 120 cm
sign. dat. Prelog 2013

203
Zeitverdichtung, 2013
Acryl auf Leinwand
100 x 120 cm
sign. dat. Prelog 2013

204
Schwunggebilde, 2013
Acryl auf Leinwand
100 x 120 cm
sign. dat. Prelog 2013

Hommage à 2013
ACHTERBAHNEN

Acryl auf Leinwand
140 x 120 + 11 cm
sign. dat. Prelog 2014

LV

Atelier Knöllgasse 55, Wien

Immer wieder finden sich Zeichen.

205
Magische Acht, 2014
Acryl auf Leinwand
75 x 85 cm
sign. dat. Prelog 2014

206
Ein Achterbild, 2013–2014
Acryl auf Leinwand
90 x 90 cm
sign. dat. Prelog 2013–2014

Hommage à 2014

KULTSTRÜNKE

Acryl auf Leinwand
140 x 120 + 11 cm
sign. dat. Prelog 2014

LVI

Seit 2006 trage ich mich mit dem Gedanken, diese Kultstrünke zu malen. Damals begann ich an einigen dieser Bilder zu arbeiten, vollendete sie aber erst 2014.

207
Ohne Titel, 2006–2014
Acryl auf Leinwand
180 x 160 cm
sign. dat. Prelog 2006–2014

208
Ohne Titel, 2006–2014
Acryl auf Leinwand
180 x 160 cm
sign. dat. Prelog 2006-2014

209
Erster Kultstrunkversuch, 2014
Acryl auf Leinwand
100 x 120 cm
sign. dat. Prelog 2014

210
Wie ein Baum, 2014
Acryl auf Leinwand
150 x 120 cm
sign. dat. Prelog 2014

211
Kein Baum, 2014
Acryl auf Leinwand
145 x 70 cm
sign. dat. Prelog 2014

Hommage à 2015

FENSTERÖFFNUNGEN

Acryl auf Leinwand
140 x 120 + 11 cm
sign. dat. Prelog 2017

LVII

Fenster im Atelier Knöllgasse, Wien

212

Herbstfenster, 2017
Acryl auf Leinwand
90 x 110 cm
sign. dat. Prelog 2017

213

Nest markiert, 2017
Acryl auf Leinwand
100 x 120 cm
sign. dat. Prelog 2017

214

Fenster, 2019
Acryl auf Leinwand
65 x 75 cm
sign. dat. Prelog 2019

215
Kreuzfenster, 2016
Acryl auf Leinwand
95 x 115 cm
sign. dat. Prelog 2016

Acryl auf Leinwand
140 x 120 + 11 cm
sign. dat. Prelog 2017

LVIII

Schablonenvorrichtung im Atelier Neustiftgasse, 1070 Wien

216
Montagsbahn, 2016
Acryl auf Leinwand
95 x 115 cm
sign. dat. Prelog 2016

217
Dienstagsbahn, 2016
Acryl auf Leinwand
95 x 115 cm
sign. dat. Prelog 2016

218
Häferlspur, 2017
Acryl auf Leinwand
70 x 140 cm
sign. dat. Prelog 2017

219
Skripturalbalken, 2016
Acryl auf Leinwand
100 x 120 cm
sign. dat. Prelog 2016

Hommage à 2017

ECHTLOCHBILDER

Acryl auf Leinwand
140 x 120 + 11 cm
sign. dat. Prelog 2019

LIX

ÖBB Moccatasse, 2017

Die Krümmung der Tassenwand führte zur Ellipsenform.

220
Lochbild einfach, 2017
Acryl auf Leinwand
95 x 115 cm
sign. dat. Prelog 2017

221
Gepflegtes Loch, 2017 (früher Zustand)
Acryl auf Leinwand
110 x 115 cm
sign. dat. Prelog 2017

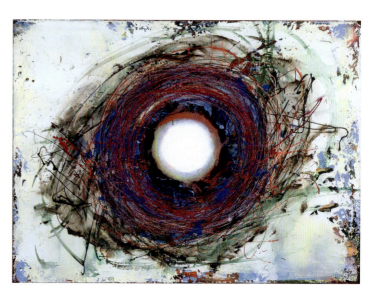

222
Gepflegtes Loch, 2017 (Endzustand)
Acryl auf Leinwand
110 x 150 cm
sign. dat. Prelog 2017

Die durchschnittliche Arbeitszeit an einem Bild beträgt ca. 3 Wochen.

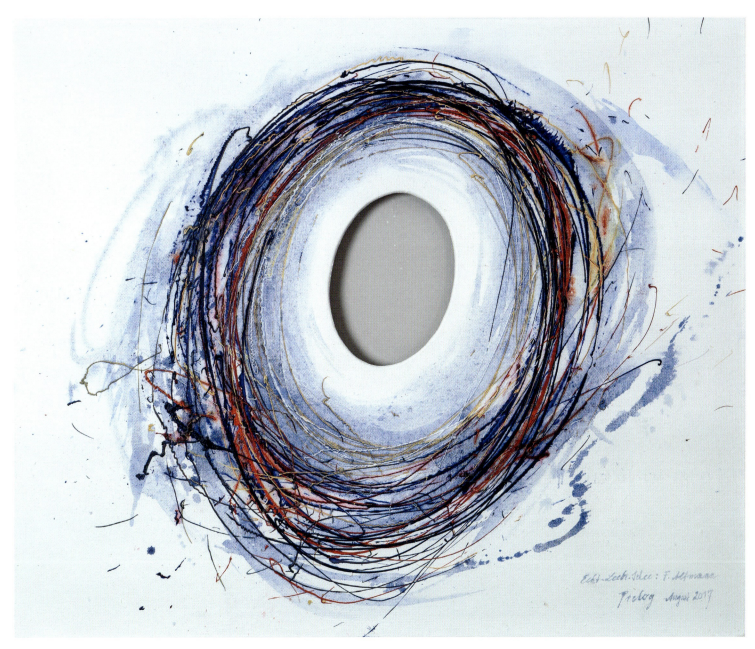

223
Als Herr Altmann meine Lochbilder sah, 2017
Acryl auf Leinwand
95 x 110 cm
sign. dat. Prelog 2017
Echtlochidee Florian Altmann

224
Nurso, 2017
Acryl auf Leinwand
110 x 150 cm
sign. dat. Prelog 2017

225
Dezentral, 2017
Acryl auf Leinwand
95 x 115 cm
sign. dat. Prelog 2017

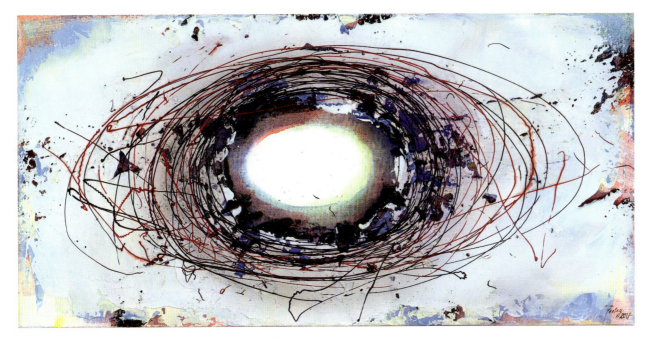

226
Moccaduft, 2017
Acryl auf Leinwand
60 x 120 cm
sign. dat. Prelog 2017

227
Mocca-Rund, 2017
Acryl auf Leinwand
60 x 120 cm
sign. dat. Prelog 2017

Hommage à 2018

ZWEITWELTEN

Acryl auf Leinwand
140 x 120 + 11 cm
sign. dat. Prelog 2019

LX

Meine 4 „Ws"

Rückseite des Bildes

228
Echtloch II, 2017
Acryl auf Leinwand
95 x 115 cm
sign. dat. Prelog 2017

229
Sonnenflecken, 2016
Acryl auf Leinwand
95 x 115 cm
sign. dat. Prelog 2016

230
Himmelfahrtstag, 2017
Acryl auf Leinwand
90 x 110 cm
sign. dat. Prelog 2017

Rückseite des Bildes

231
Ungeahnte Tiefen, 2018
Acryl auf Leinwand
80 x 155 cm
sign. dat. Prelog 2018

232
Kein Lochbild, 2018
Acryl auf Leinwand
160 x 120 cm
sign. dat. Prelog 2018

233
Zweitwelt, 2019
Acryl auf Leinwand
90 x 160 cm
sign. dat. Prelog 2019

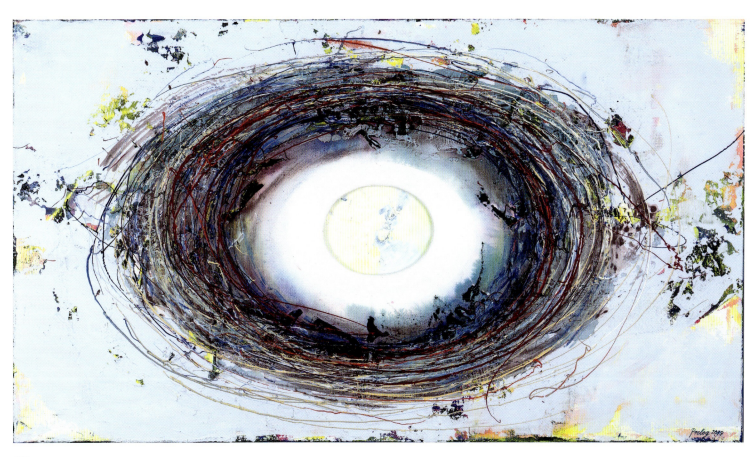

234
Zweitwelt II, 2019
Acryl auf Leinwand
90 x 160 cm
sign. dat. Prelog 2019

235
Der rote Punkt, 1980
Acryl auf Leinwand
160 x 180 cm
sign. dat. Prelog 1980

Der rote Punkt wurde im „Persönlichen Alphabet" zu einem wichtigen Unterscheidungszeichen beispielsweise zwischen dem „O" und dem „G" oder dem „F" und dem „P".

236

Münchner Alphabet, 2016
Acryl auf Leinwand
202 x 242,5 cm
sign. dat. Prelog 2016

237
„A", 2018
Acryl, emaillierter Teller auf Leinwand
120 x 100 cm
sign. dat. Prelog 2018

238
„O", 2019
Acryl auf Leinwand
95 x 115 cm
sign. dat. Prelog 2019

239
„E" schwarz, 2019
Acryl auf Leinwand
100 x 120 cm
signed and dated Prelog 2019

240
„P", 2017/18/19
Acryl auf Leinwand
120 x 100 cm
sign. dat. Prelog 2017/18/19

241

D.r.a.g.o., 2019
Acryl auf Leinwand
150 x 250 cm
sign. dat. Prelog 2019

EINE GEMALTE BIOGRAPHIE

60 HOMMAGE-BILDER

1959	ZENTRALFORMATIONEN	1989	V-HÄUTE
1960	SKRIPTURALE	1990	HEMDEN
1961	KLASSISCH SKRIPTURALE	1991	HAUTFRISUREN
1962	ZEILENLOS SKRIPTURALE	1992	SCHUPPENBAHNEN
1963	GESTISCH SKRIPTURALE	1993	SCHUPPENBLÖCKE
1964	HORIZONTALE ÖFFNUNGEN	1994	KRUSTENBUCHSTABEN
1965	VERTIKALE ÖFFNUNGEN	1995	T-FORMEN
1966	FREMDELEMENTE	1996	ENSEMBLEBILDER
1967	EXPRESSIVE ÖFFNUNGEN	1997	DOPPEL-U
1968	EXPLOSIVE ÖFFNUNGEN	1998	BILDESBILDER
1969	BOMBEN	1999	NATO-D – BILDER
1970	BOMBEN / BÄUME – TOPOGRAPHISCH	2000	OHRFEIGEN
1971	WANDLUNG	2001	SCHAUKELNASEN
1972	STEFFLN	2002	JANUSKÖPFE
1973	ALPINSTRUKTUREN	2003	STRUBELKÖPFE
1974	FELSZEICHEN	2004	BI-HOMMAGEN
1975	STEINE	2005	KRUSTENSKRIPTURALE
1976	SCHAMANISTISCHE ELEMENTE	2006	EXPRESSIVUMLÄUFE
1977	PROFILFOLGEN	2007	SKRIPTURALBLÖCKE
1978	UMLAUFBILDER	2008	KREUZALPHABETE
1979	RUDIMENTÄRFORMEN	2009	VERKEHRSBILDER
1980	KREUZUMLÄUFE	2010	THERAPIEBILDER
1981	DAS PERSÖNLICHE ALPHABET	2011	MISCHFORMEN
1982	MÄHBEWEGUNGEN	2012	MELITABILDER
1983	NEUSKRIPTURALE	2013	ACHTERBAHNEN
1984	KREUZIKONEN	2014	KULTSTRÜNKE
1985	OBJEKTBILDER	2015	FENSTERÖFFNUNGEN
1986	ROTATIONSBILDER	2016	BALKENBILDER
1987	SCHUPPENHÄUTE	2017	ECHTLOCHBILDER
1988	HAUT- / RINDENBILDER	2018	ZWEITWELTEN

Martin Hochleitner

WAS BILDER ERZÄHLEN KÖNNEN

Ein (bewusstes) Schlusswort zum Aspekt des Biographischen im Werk von Drago Prelog

Ich habe Drago Prelog gebeten, meinen Text in seinem Buch im hinteren Teil der Publikation zu platzieren. Eben dort, wo man in Katalogen und Monographien in der Regel auf die biographischen Angaben von Künstlerinnen und Künstlern trifft. Man findet dann meist knappe Informationen über Lebensdaten und ein eventuelles Studium an einer Kunstakademie, denen Listen von (ausgewählten) Einzel- und Gruppenausstellungen, von Preisen und Auszeichnungen sowie von Katalogen und sonstigen Texten folgen. Mit der zunehmenden Häufigkeit von eigenen Homepages scheinen mir diese Angaben in den letzten 15 Jahren allerdings auch immer knapper geworden zu sein.

Ich frage mich an diesen Stellen von Büchern oft, was mir derartige Biographien wirklich erzählen können. Vorrangig zeigen sie mir, in welchen Kontexten sich Künstlerinnen und Künstler bislang bewegten und ihre Werke rezipiert wurden. Sie vermitteln mir u.a. Menschen, die – wie ich nun selbst – über künstlerische Arbeiten schrieben, Galerien, die mit Werken handelten, Museen, die Ausstellungen realisierten, sowie Sammlungen, deren Teil die jeweilige Position zwischenzeitlich geworden war. Letztlich wird deutlich, wie Karrieren bisher verliefen und ob ein Œuvre innerhalb des Betriebssystems Kunst „funktionierte".
Aber was erfahre ich am Ende eines Buches tatsächlich? Was kann mir diese Form von Biographien nach Vorworten, Texten und Bildbeispielen über eine Künstlerin bzw. einen Künstler erzählen und spielt dies überhaupt eine Rolle? Verändert es meinen Blick auf ein Werk? Resultiert hieraus auch eine persönliche Wertung?

Natürlich ist mir bewusst, dass diese Fragen sehr „gefährlich" sein können. Sie konstruieren einen Bedeutungszusammenhang zwischen Werken und Biographien, der in der Kunstentwicklung des 20. Jahrhunderts wiederholt kritisch reflektiert und in der Analyse von Autorenschaft und Begriffsdefinitionen von Kunst entsprechend dekonstruiert wurde.
Bei Drago Prelog ist es jedoch völlig anders. Er erzählt mit jedem seiner Werke (und vor allem mit seinen „Hommage-Bildern") etwas über sein Leben und er scheut sich auch nicht, für diese aktuelle Publikation den programmatischen Untertitel „Eine gemalte Biographie" zu verwenden.
Tatsächlich sind mir in meiner bisherigen Museumsarbeit nur wenige Künstlerinnen und Künstler begegnet, die wie Drago Prelog so offen(siv) mit ihren Bildern über sich selbst Auskunft geben. „Über sich" bedeutet dabei eine

Vielzahl an Geschichten, in denen sich – aus einem Zeitraum von sieben(!) Jahrzehnten – persönliche und künstlerische Aspekte ineinander verschränken.

Ohne jegliche Aufdringlichkeit erfährt man von Künstlern und Menschen, die Drago Prelog prägten; von künstlerischen und konzeptionellen Fragestellungen, von formalen und ästhetischen Entdeckungen und vom prozessualen Charakter der Bildentstehung; von Prelogs Selbstsicht, seinen Werten und seinen Einstellungen zu verschiedenen Themen.

Ich ertappe mich dabei selbst, wie mich diese Form von Erzählung zu interessieren beginnt und in mir einen ganz eigenen „Aufmerksamkeitssog" erzeugt. Bei der Beschäftigung mit Drago Prelog überlagern sich in mir zunehmend Bild und Text und vermittelt sich ein Maß an Authentizität, das mir für das Leben und das Werk des Künstlers insgesamt so kennzeichnend erscheint.

So ist seit den 1950er Jahren ein sehr charakteristisches Lebenswerk innerhalb der jüngeren österreichischen Kunstgeschichte entstanden. Charakteristisch erweist es sich durch seine formale Signifikanz und durch die vielschichtige Präsenz des Künstlers in seinen Bildern.

Gerade beim Schreiben dieser Zeilen fällt mir auf, wie sehr mich in meiner eigenen Beschäftigung mit der Kunst Biographisches immer mehr zu beschäftigen begonnen hat. Das hat wahrscheinlich damit zu tun, dass sich seit den 1990er Jahren auch immer mehr junge Künstlerinnen und Künstler – unter den Gesichtspunkten von Gedächtnis und Erinnerung – mit biographischen Momenten auseinandergesetzt haben und dabei vielfach auch Erzählformen von Geschichte kritisch reflektierten. Biographien waren in diesem Sinne aktuell und spielen im Rahmen der Referenzkunst bis heute eine wichtige Rolle.

Biographisches besitzt für mich allerdings auch noch in einer zweiten Hinsicht große Relevanz: Es schenkt mir auf ganz eigene Weise eine gewisse Sicherheit bei der Beschäftigung mit Kunst. Die nachvollziehbare „Ich-Form" in der Autorenschaft eines Kunstwerks, erlaubt mir eine Form des Dialoges mit einem künstlerischen Werk, wie sie mir in der Kunsttheorie erstmals beim Lesen von Roland Barthes Buch „Bemerkungen zur Photographie" aufgefallen ist. Barthes hatte seinen Text konsequent in der „Ich-Form" geschrieben, was mir gerade am Beginn meines eigenen Kunstgeschichtestudiums als wenig wissenschaftlich vermittelt worden war. Zudem fand ich es ungemein sympathisch, dass Roland Barthes in seinem Buch beschlossen hatte, „die Anziehungskraft, die bestimmte Photos auf [ihn] ausübten, zum Leitfaden [seiner] Untersuchung zu machen", und er sich hierin auch nicht scheute, ein „Prinzip des Abenteuers" anzusprechen.

Letztlich laden die Bilder von Drago Prelog auf Grund ihrer so authentischen Verknüpfung mit seiner Persönlichkeit genau zu dieser speziellen Entdeckungsreise durch ein Leben, ein Werk und Kapitel der österreichischen Kunst seit den späten 1950er Jahren ein.

Druckatelier Dietrichgasse 59

Kurt Zein, Smiljana Kočović, Melita Geršak, Mariata Zein – © Walter M. Malli 1977

Walter M. Malli, Smiljana Kočović
© Kurt Zein

Drago Prelog 1977
© Walter M. Malli

Smiljana Kočović, Melita Geršak
© Walter M. Malli

Drago Prelog, Allmeyer-Beck mit Frau
© Walter Schramm, Museum Liaunig

Felix Waske mit Frau, Karl Hikade
© Walter Schramm, Museum Liaunig

Ernst Skrička, Wolfgang Exner, Heinrich Heuer, Drago Prelog – © Ernst Kratky

Jan Pastuła, Drago Prelog
© Fotoarchiv Jan Pastuła

Melita Geršak-Prelog, Reinhard Adlmannseder
© Galerie Marschner, Wels

Drago Prelog, Tone Fink, Robert Zeppel-Sperl
© Ernst Kratky

Horst Gerersdorfer, Drago Prelog
© Ernst Kratky

Arnulf Rainer, Drago Prelog
© Ernst Kratky

Alfred Klinkan, Siegfried Anzinger
© Drago Prelog

Peter Pongratz, Peter Atanasov, Smiljana Kočović
© Ernst Kratky

Wolfgang Hollegha, Drago Prelog,
Joanna Gleich – © Jan Pastuła

Eva Liaunig, Drago Prelog
© Walter Schramm, Museum Liaunig

Drago Prelog, Karl Hikade
© Smiljana Kočović

Branko Andrić, Smiljana Kočović, Herwig Kienzl
© Ernst Kratky

Drago Prelog, Roland Goeschl
© Ernst Kratky

Drago Prelog, Otto Breicha
© Ernst Kratky

Drago Prelog, Johannes Rauchwarter, Ernst Friedrich – © Ernst Kratky

Drago Prelog mit Frau Melita Geršak-Prelog, Milan Stanojev – © Vlastimir Madić

Erika und Franz Ringel, Smiljana Kočović, Drago Prelog – © Cora Pongracz

Franz Ringel, Drago Prelog
© Ernst Kratky

Drago Prelog, Josef Mikl
© Ernst Kratky

Wolfgang Ernst, Drago Prelog
© Smiljana Kočović

Josef Mikl, Wolfgang Exner, Drago Prelog
© Ernst Kratky

BIOGRAPHIE

1939 – Karl Julius Prelog wurde am 4. November in Cilli (Celje), Slowenien, geboren. Die familiären Wurzeln seiner Mutter Dragica Prelog (geborene Šegović) reichen bis nach Griechenland, die seines Vaters Albin Prelog verteilen sich auf Slowenien und Österreich.

1944 – Den fünften Geburtstag feiert Prelog noch in Cilli. Zu Weihnachten übersiedelt die Familie in die Obersteiermark nach Ruperting Nr. 58, Gemeinde Haus im Ennstal.

1945 – Albin Prelog kehrt noch einmal nach Cilli zurück, um das restliche Übersiedlungsgut zu holen. Seiner Familie schreibt er ein- bis zweimal pro Woche; die Briefe nummeriert er, damit die verloren gegangenen registriert werden können. Der letzte Brief stammt vom 9. Juni 1945 – seit diesem Datum hört niemand mehr von ihm und er gilt künftig als vermisst. Seine Gattin weigert sich zeitlebens, ihn für tot erklären zu lassen. Sie zieht fortan ihre beiden Söhne unter schwierigen Bedingungen alleine auf.

1945 bis

1954 – Besuch von Volks- und Hauptschule in Markt Haus und Schladming. Im Sommer noch vor Schulbeginn fertigt Prelog seine ersten Zeichnungen nach der Natur an: „Mein allererstes Selbstporträt war oval, denn als Spiegel diente mir eine Pferdefleischkonservendose. Auch unser Wohnhaus hielt ich, in einiger Entfernung auf der Wiese sitzend, durchaus gut beobachtend, im Skizzenblock fest. Später in der Schule fand mein Zeichentalent mehrfach anerkennende Bewunderung, was wenigstens zeitweise mein Selbstbewusstsein stärkte." (Zitiert aus einem biographischen Text, verfasst im November 2002 unter dem Titel „Wo war Vater geblieben?", in: Lesebuch für alle Steirerinnen und Steirer, Steirische Verlagsgesellschaft m.b.H., Graz 2003)

1954 bis

1958 – Besuch der Bundesgewerbeschule in Graz, Abteilung für dekorative Malerei bei Otto Brunner. Bekanntschaft mit Erich Brauner (der sich später E. Thage nennt). Eine tiefe Freundschaft entsteht – E. Thage ist der Einzige, mit dem Prelog einen regen Austausch über seine Bilder und künstlerische Belange pflegt. Weitere Schulkollegen sind Günter Brus, Michael Coudenhove-Kalergi, Wolfgang Herzig, Walter Malli, Peter Pongratz und Franz Ringel.

1958 – In sechswöchiger Arbeit schreibt Prelog eine deutsche Ausgabe des Qur-ans in seiner Geheimschrift ab und nennt sich fortan Drago, um damit auf seine südslawische Herkunft hinzuweisen. Im Oktober Umzug nach Wien, Aufnahme in die Klasse Albert Paris Gütersloh an der Akademie der bildenden Künste, Wien. Begegnung mit Martha Jungwirth, Alfred Schmeller sowie Richard A. Pechok. Lernt die Künstler um die Galerie Zum Roten Apfel, wie Karl Anton Fleck, Jürgen Leskowa, Wilfried Zimmermann, Barabbas (Claus Mayrhofer) und Othmar Zechyr kennen.

1959 – Beeindruckt von einer Ausstellung von Wols in der Galerie (nächst) St. Stephan sowie den Zentralgestaltungen und Blindzeichnungen von Arnulf Rainer entstehen Prelogs erste Zentralformationen, Zeichnungen und Collagen, die er im Herbst 1959 bei seiner ersten Ausstellung in der Galerie Zum Roten Apfel in Wien (gemeinsam mit E. Thage) zeigt. Begegnung mit Markus Prachensky, Andreas Urteil, Karl und Ute Prantl sowie Arnulf Rainer.

1960 – Die ersten skripturalen Arbeiten und die ersten Bildteppiche entstehen. Bekanntschaft mit Monsignore Otto Mauer und Josef Mikl. Seit 1960 Beteiligungen an Gemeinschaftsausstellungen in der Galerie nächst St. Stephan in Wien (bis 1970).

1961 – Hauptpreis beim Ausstellungswettbewerb „Geist und Form" (ebenso 1964 und 1967). Bekanntschaft mit Otto Breicha.

1962 – Prelog beschließt, die Akademie ohne Diplom zu verlassen; es folgt ein mehrmonatiger Aufenthalt in Schweden und Norwegen.

1964 – Studienaufenthalt in der Schweiz.

1965 – Erste Reise nach Jugoslawien. Prelog lernt innerhalb kurzer Zeit Serbokroatisch. Begegnung mit Smiljana Kočović, Prelogs Cousine und späterer Lebensgefährtin (1993 heiratet er sie).

1966 – Begegnung mit Bruno Gironcoli und Walter Pichler. Personalausstellung in der Galerie nächst St. Stephan. Beginn der Freundschaft mit Eva und Herbert Liaunig. Animiert von Otto Breicha entstehen erste einfache Radierungen; er lernt den jungen Kurt Zein kennen.

1967 – Teilnahme an den 2. Internationalen Malerwochen auf Schloss Retzhof bei Leibnitz. Der beste Freund E. Thage scheidet freiwillig aus dem Leben.

1968 – Begegnung und Beginn der Freundschaft mit Milan Stanojev. In dessen Atelier in Novi Sad druckt Prelog zum ersten Mal selbst seine Radierungen und lernt die Technik der Lithographie kennen. Große Personalausstellung im Narodni Muzej, Labin sowie der Radnički Univerzitet, Novi Sad, wo Prelog neben Bildern und Zeichnungen auch den Bildteppich (Abb. 31) ausstellt. In einer Begleitausstellung zur Biennale in Venedig, organisiert von der Neuen Galerie am Landesmuseum Joanneum, Graz, sieht Gianni Montini etliche Ölbilder von Prelog und lädt ihn zu einer Ausstellung in seiner Galerie in Vicenza ein.

1969 – Beginn der Lehrtätigkeit an der Akademie der bildenden Künste, Wien – Lehrauftrag für Malerei Meisterklasse Josef Mikl bis 1972 und Wolfgang Hollegha bis 1979.

1970 – Mappe „Denkblasen" (gemeinsam mit Martha Jungwirth und Franz Ringel)
1. Preis – Steirische Grafik '70. Großer Kunstpreis des Landes Steiermark. Beginn der Freundschaft mit Alfred Klinkan, der ein Jahr zuvor in die Meisterklasse von Josef Mikl aufgenommen wurde.
„Es war der Beginn einer Künstlerfreundschaft, die einerseits geprägt war von Alfreds nimmermüder, respektvoller Loyalität und andererseits von unzähligen erregenden Erlebnissen, die mir die Beobachtung seines künstlerischen Werdegangs bescherte." (Auszug aus D. J. Prelog: Der Freund, in: Alfred Klinkan. 1950 – 1994, Eine Sammlung. Ausstellungsfolder der Galerie Altnöder (Hrsg.), Salzburg 2000).

1972 – Tod der Mutter
Erste große Retrospektive in der Neuen Galerie am Landesmuseum Joanneum in Graz. Preis des Wiener Kunstfonds.

1973 – Beginn der Freundschaft und Zusammenarbeit mit Hans Widrich. Mappe „Berge" – Edition Widrich, Salzburg. Erster Arbeitsaufenthalt in der Druckwerkstatt / Schloss Wolfsburg, BRD.

1974 – Studienreise nach Mexiko und Guatemala. Lehrauftrag für Schrift und Schriftgestaltung an der Akademie der bildenden Künste, Wien.

1975 – Schaffenskrise – Fastenübungen – Läuterung.

1976 – Zweiter Studien- und Arbeitsaufenthalt auf Schloss Wolfsburg.
Erste Profilbilder – ausgehend von einem „Schatten-Porträt" von Alfred Klinkan (Abb. S. 99).
Beginn der Zusammenarbeit mit der Galerie Lang in Wien.

1978 – Großformatige Profil- und Umlaufbilder; einige Objekte. Vermehrte Ausstellungstätigkeit im Ausland.
Ab 1978 regelmäßige Präsenz bei Kunstmessen in Basel.

1979 – Anton-Faistauer-Preis. Zweite Ausstellung in der Neuen Galerie am Landesmuseum Joanneum in Graz.

1980 – Zusammenarbeit mit der Galerie Jossevel, Zürich.

1982 – Große Retrospektive im Künstlerhaus Salzburg und im Palais Thurn und Taxis / Künstlerhaus Bregenz.

1984 – Große Retrospektive an der Akademie der bildenden Künste, Wien.

1986 – Teilnahme am Malersymposium in Werfen. Entwicklung der Prelografie. Prelog entwickelt dieses Verfahren, um gewissen Bildern einen schlangenhautähnlichen Effekt zu verleihen.
Er prelografiert nicht nur Bilder, sondern die meisten seiner druckgraphischen Arbeiten.
Retrospektive im Landesmuseum für Kärnten in Klagenfurt.

1989 – Prelogs Bruder Herbert verunglückt in der Nähe von Stockholm tödlich.

1991 – Mappe „Drachenwelt" – Edition Widrich, Salzburg, Ausstellung Hipp-Halle, Gmunden; Videofilm von Zoltán Apró (TV Novi Sad, 30 Min.).

1994 – Ausstellung im Kulturhaus in Graz, „Die Druckgraphik und Arbeiten der Neunzigerjahre". Videofilm „Atelierbesuch" von Horst Gerersdorfer (10 Min.), Würdigungspreis des Landes Steiermark.

1995 – Rupertinum Salzburg, Präsentation der gesamten Druckgraphik.

1996 – Teilnahme an der 4. Internationalen Graphikbiennale in Belgrad.

1999 – Verleihung des Titels „Professor".

2002 – Goldenes Verdienstzeichen des Landes Salzburg.

2004 – Großes Ehrenzeichen des Landes Steiermark.
Bezug eines neuen Ateliers.

2007 – „Portfolio", Film über Drago J. Prelog von Lucie Jager, 39 min.

2009 – Tod von Ehefrau Smiljana.

2012 – „Drago J. Prelog", Film von András Balint und Hansi Hubmer, 28 min.

2014 – Heiratet Melita Geršak, lebt und arbeitet in Wien.

EINZELAUSSTELLUNGEN

1959	Galerie „Zum Roten Apfel", Wien
1965	Galerie „C", Graz
	Secession, Wien
1966	Galerie nächst St. Stephan, Wien
1968	Narodni Muzej, Labin
	Radnički univerzitet, Novi Sad
1969	Galerie beim Minoritensaal, Graz
	Galleria „Il Cenacolo", Vicenza
1971	Galerie auf der Stubenbastei, Wien
1972	Neue Galerie am Landesmuseum Joanneum, Graz
1973	Galerie am Markt, Salzburg
	Galerie Schottenring, Wien
1974	Tribina mladih, Novi Sad
	Galerie Wella, Linz
	Galerie „P" im Haus der Begegnung, Eisenstadt
	Modern Art Galerie, Wien
1976	Galerie Brandstätter, Wien
	Forum Stadtpark, Graz
1978	Galerie im Hofstöckl, Linz
	Galerie Lang, Wien
	Galerija Nova, Zagreb
	Gradski muzej, Križevci
1979	KSOC – Likovni salon, Celje
	Neue Galerie am Landesmuseum Joanneum, Graz
	Galerie „Der Spiegel", Köln
1980	Galerie Hildebrand, Klagenfurt
	Schule Maishofen (Faistauer-Preis), Maishofen
	Galerie Elefant, Landeck
	Galerie Lang, Wien
	Galerie Jossevel, Zürich
1981	Galerie im Hofstöckl, Linz
	Galerie Jossevel, Köln
	Galerie Eder, Linz
1982	Galerie Spectrum, Wien
	Galerie „Zum Matthäus", Basel
	Salzburger Kunstverein, Künstlerhaus, Salzburg
	Palais Thurn und Taxis, Künstlerhaus, Bregenz
	Galerie Jossevel, Zürich
	Galerija „Roman Petrović, Sarajevo
1983	Galerie Lang, Wien
1984	Akademie der bildenden Künste, Wien
	Galerie Eder, Linz
1985	Mala Galerija, Laibach
1986	Galerie Weihergut, Salzburg
1987	Landesmuseum für Kärnten, Klagenfurt
	Galerija Jadroagent, Rijeka
	Galerie Lang, Wien
1988	Galerie Gerersdorfer, Wien
	Galerie Eder, Linz
	Dom Kulture, Banjaluka
1989	Rupertinum / Galerie im Traklhaus, Salzburg
	Schlumberger Technologies, Wien
1990	Galerie Lang, Wien
	Galerie Gerersdorfer, Wien
	Galerie Carinthia, Klagenfurt
	Galerie De Zwarte Panter, Antwerpen

1991	Galerie Eder, Linz	**2002**	Galeria Pasaz, Iwonicz Zdroj
	Kuenburggewölbe, Werfen		Galeria Sztuki Synagoga, Lesko
	Einzelausstellung Galerie Lang, ART 91, Basel		Galerie Wolfgang Exner, Wien
	Verein für Original-Radierung, München		BWA Galeria Sztuki, Rzeszow
1992	Galerie Altnöder, Salzburg	**2003**	Galerie „Solvay", Krakau
	HIPP-Halle, Gmunden		Dom Kultury, Podgorze
	Galerie Gerersdorfer, Wien	**2004**	Galerie Wolfgang Exner, Wien
1993	Maishofner Sommer, Maishofen	**2005**	Istarska sabornica, Poreč
1994	Kulturhaus, Graz	**2006**	Galerie Gerersdorfer, Wien
	Galerie Leonhard, Graz		Galerie Wolfgang Exner, Wien
	Galerie Tourismusverband, Bad Kleinkirchheim	**2007**	SAP Business School Vienna, Klosterneuburg
	Galerie Eder, Linz	**2008**	Galerie Weihergut Linzergasse, Salzburg
1995	Galerie Gerersdorfer, Wien	**2010**	Galerie Thiele, Linz
	Galerie „K", Zell am See	**2011**	St. Peter an der Sperr, Wiener Neustadt
	Galerie 60, Feldkirch	**2012**	Galerie Leonhard, Graz
	Rupertinum, Salzburg		Galeria Sztuki BWA, Krosno
1996	Galerie Wolfrum, Wien	**2013**	Galerie Göttlicher, Krems
	Galerie „4484", Kronstorf		Zeitkunstgalerie, Kitzbühel
	Kreuzgang im Kloster, Frohnleiten		Galerie in der Schmiede, Pasching
	Galerie Eder, Linz	**2014**	Galerie Marschner, Wels
	Stift Lilienfeld, Kalligraphie, Lilienfeld		Galerie Wolfgang Exner, Wien
1997	Galerie Wolfrum, Wien	**2015**	Galerie Leonhard, Graz
1998	Schafschetzy Studio, Graz	**2016**	OHO Offenes Haus Oberwart, "Eine gemalte Biographie"
	Galerie Eder, Linz		Museum Liaunig, Neuhaus/Suha, "Alte Freunde"
	Galerie Gerersdorfer, Wien	**2018**	Galerie Artemons Contemporary, Wien
1999	Galerie Wolfrum, Wien		Galerie Seidler, Linz
2000	Galerie Altbau, Linz	**2019**	Galerie Leonhard, Graz
2001	Zentralanstalt für Meteorologie und Geodynamik, Wien		Artecont, Wien, "80 Jahre Drago J. Prelog"

AUSSTELLUNGSBETEILIGUNGEN

1961 bis
1973 Diverse Ausstellungen in der Galerie nächst St. Stephan, Wien
1967 Malerwochen auf Schloss Retzhof bei Leibnitz
Ausstellungen in Graz, Laibach, Zagreb, Belgrad, Venedig
1968 bis
1970 Kunstpreiswettbewerbe – Landesmuseum Joanneum, Graz
Galerie „sous terrain", Wien
Österreichische Grafik seit 1945
1970 Galerie auf der Stubenbastei, Mappe „Denkblasen" mit Martha Jungwirth und Franz Ringel, Wien
Galerie St. Barbara, „Schrift und Bild", Solbad Hall
Kunstmuseum Hälsingborg, „10 Österreicher in Schweden", Hälsingborg
St. Peter an der Sperr, Wiener Neustadt
„Der Rote Apfel in der Galerie Basilisk", Wien
Galerie beim Minoritensaal, „Steirische Grafik 70", Graz
1971 Galerie nächst St. Stephan auf der 3. Internationalen Frühjahrsmesse,
Berliner Galerien, Berlin
Galerie Krinzinger, „Kunstschau 71", Bregenz
Galerie Würthle, „Österreichische Grafik", Wien
Galerie Schottenring, „Tendenzen österreichischer Kunst 71", Wien

1972 Neue Galerie, Graz; Kunstmuseum Bochum; Kunstmuseum Karlsruhe „Österreichische Malerei 72"
Österreichisches Kulturinstitut, „8 Österreicher", New York
Secession, „Nichtsecessionisten in der Secession", Wien
Galerie Schottenring, „Realismus heute", Wien
1973 Modern Art Galerie, „Die Landschaft", Wien
Galerie in der Blutgasse, Wien
1975 Art Moderne, „La Jeune Gravure Contemporaine", Paris
Kunstmesse ART 75, Basel
Galerie Ulysses, Wien
Galerie in der Goldgasse, Salzburg
1976 Interkunst (mit Galerie Lang), Wien
Galerie Lang, „Science fiction", Wien
Städtische Galerie im Schloss Wolfsburg, „Internationale Druckgrafik des 20. Jahrhunderts", Wolfsburg
1978 K 45 (mit Galerie Lang), Wien
Galerie Maerz, „Linearstrukturen", Linz
Sqibb Gallery, Princeton, New Jersey
Union Carbide Gallery, „From Art Nouveau to Avantgarde", New York
Staatliche Kunsthalle, „Position der Zeichnung in Österreich heute", Baden-Baden
Schloss Parz, „Der Drache in unserer Zeit", Grieskirchen
Landesgalerie im Schloss Esterházy,

„Zeitgenössische Kunst aus der Steiermark", Eisenstadt
1979 Pinacoteca, „Farbe – Sensibilität – Sensibilisierung", Ravenna
Museum für angewandte Kunst, „Die unbekannte Sammlung", Wien
Galerie auf der Stubenbastei, „15 Jahre Galerie auf der Stubenbastei", Wien
Galerie im Hofstöckl, „Retrospektive", Linz
1980 Kunstmesse ART 80, Basel
Kunstmesse, Düsseldorf
Schloss Parz, „Parz Kontakte 80", Grieskirchen
1981 Landesmuseum Joanneum, 11 Jahre Kunst in der Steiermark", Graz
Schloss Parz, „Textilkunst", Grieskirchen
Kunstmesse ART 81, Basel
Atelier Eder, „Skripturale Beispiele", Linz
Art Cologne, Köln
1982 Kunstmesse ART 82, Basel
Secession, „Sie kamen und blieben", Wien
1983 Kunstmesse ART 83, Basel
Artivisive, Rom
Niederösterreichische Gesellschaft für Kunst und Kultur,
„Österreichische Textilkunst", Wien
1984 Schloss Sigharting, „Zeichnersein", Salzburg
Künstlerhaus, „Eröffnungsausstellung", Bregenz
Kunstverein München, Künstlerhaus Wien, Fernsehturm Berlin,
Österreichische Gegenwartskunst
Galerie Lang, „Informel in Österreich", Wien
1985 Staatlicher Kunstverein, Sofia
Biennale, Chateau-Musée de Cagnes-sur-mer
Internationale Grafikbiennale, Laibach
Kunstmesse ART 85, Basel
1986 Malersymposium, Werfen
Galerie im Traklhaus, Salzburg
Landesmuseum Joanneum, Abt. Kunstgewerbe, „Keramik – Glas – Textil", 1950 – 1985, Graz
Secession, „Zeichen und Gesten", Wien
Niederösterreichische Gesellschaft, „Grafik", Wien
1988 Akademie der bildenden Künste, „Jugendwerke", Wien
Niederösterreichische Gesellschaft, „Erlebnis Farbe", Wien
Künstlerhaus, „Der pornographische Blick", Salzburg
Real Academia de Bellas Artes de San Fernando, Lo Fantastico y Grotesco en el Actual Arte Grafico Austriaco
1989 Oberösterreichische Landesausstellung „Die Botschaft der Grafik", Benediktinerstift Lambach
1990 Slowakische Nationalgalerie „Querdurch", Bratislava

1991	Akademie der bildenden Künste, „Standpünktlich", Wien
	Galerie Serafin, Wien
	Rathaus, „Ein Museum auf Abruf", Wien
1992	Rathaus, „Zu Papier gebracht", Wien
1993	Galerie Lang, „Austria Abstrakt", Wien
	Palais Liechtenstein, „Austria Abstrakt", Feldkirch
	First Egyptian International Print Triennale, Giza
	Kulturhaus, „Das sogenannte Abstrakte", Graz
1994	Galerie Lang, „Am Beispiel Collage", Wien
	Neue Galerie der Stadt Linz, „Internationale Grafik", Linz
	Mini Print Slovenija, Maribor
1995	Schloss Parz, „Papier", Grieskirchen
	2. Internationale Grafikbiennale des kleinen Formats, Leskovac
	21. Internationale Grafikbiennale, Laibach
	Galerie Wolfrum, „Nicht nur die Farbe Blau", Wien
1996	Museo del Patriarcato, Triennale Europea dell' Incisione, Aquilea
	4. Internationale Grafikbiennale, Belgrad
	Art Multiple, Düsseldorf
1997	Rupertinum/Traklhaus, „Gut zum Druck", Salzburg
	2. Internationale Grafikbiennale, Bitola, Mazedonien
	Kunstverein, „Künstlergruppe Parz zu Gast", Passau
	Art Multiple, Düsseldorf
	MAK, Kunstmesse, Wien
	3. Internationale Grafikbiennale, Užice
1998	4th International Print Biennale, Sapporo
	5. Internationale Biennale der Druckgrafik, Belgrad
	Galerija „Grafički Kolektiv", 800 Jahre Kloster Hilandar, Belgrad
	Schloss Parz, Finish-Parzer Kontakte 1994 – 1998, Grieskirchen
1999	Traklhaus, „Grafik Edition Verlag Widrich", Salzburg
	Kunsthalle Krems, „Zeitlos", Krems
2001	Palazzo Pretorio, „Oltreconfini", Rotary Club di Cittadella
	MAK, Kunstmesse, Wien
	Galerie Exner, Wien
2002	Kunstverein Horn, „Gut zum Druck", Horn
	Biennale dell'Incesione Contemporanea Italia – Austria 2002, Premio Tiepolo, Comune di Mirano
2003	Galerie Chobot, „Die Galerie zum Roten Apfel. Künstlerpositionen der 1960er Jahre in Wien", Wien
	Rupertinum, „Selbst und andere. Das Bildnis in der Kunst nach 1960", Salzburg
	Residenz, „Bewegungen – Begegnungen", Salzburg
	Jubiläumsausstellung 30 Jahre Traklhaus, Salzburg
	Center of Contemporary Art, „Solvay", Process of creation, Krakau
	Burg Rabenstein, „Meisterwerke der steirischen Moderne", Frohnleiten

2006	Danubiana Meulensteen Museum – Austrian Art	2012	Art Karlsruhe
	Galerie Magnet, Wien – Zeitgenössische Grafik	2013	Grafički kolektiv, Belgrad – Österreichische Grafik
	NÖ Dokumentationszentrum für moderne Kunst – ‚MITSCHRIFT' St. Pölten		Museum Angerlehner, Wels
2008	Galerie Wolfgang Exner, Wien – abstrakt-expressiv-informell	2014	Galerie im Trakl-Haus, Salzburg – Hier steht ein Sessel. Sessel, Hocker, Stuhl in der Kunst
	Museum Liaunig, Neuhaus/Suha – Eröffnungsausstellung	2016	Pasinger Fabrik, München, „WIEN IST ANDERS" Zeitkunstgalerie, Kitzbühel, Alois Riedl und Drago J. Prelog
2009	MUSA Museum auf Abruf, Wien – ‚stark bewölkt'		Galerie Artemons Contemporary, Hellmonsödt, Alois Riedl und Drago J. Prelog
	Museum moderner Kunst Wörlen, Passau – Eins zum Anderen, Sammlung Riedl	2018	b.la.Birgit Lauda Art Foundation, Wien, „CIRCLE-LINE", Franziska Furter und Drago J, Prelog
2010	Stift Lilienfeld – Zeitgenössische Kunst aus Mitteleuropa		
	Museum Liaunig, Neuhaus/Suha – Tradition und Avantgarde, Kunst aus Österreich 1945–1980		ZS art, Wien, „Köpfe"
			ZS art, Wien, „Schriftbilder"
2011	Leopold Museum, Wien-Ringturm Kunstsammlung VIG		

WERKE IN ÖFFENTLICHEN SAMMLUNGEN UND MUSEEN

Bundesministerium für Unterricht und Kunst, Wien

Ferdinandeum, Innsbruck

Graphische Sammlung Albertina, Wien

Kulturabteilung der Stadt Wien / MUSA

Kunstsammlung der Investkredit Bank AG, Wien

Kunstsammlung Bank Austria, Wien

Kunstsammlung Oberösterreichische Versicherung, Linz

Memorijalni centar „Josip Broz Tito", Belgrad

Museum Moderner Kunst Stiftung Ludwig, Wien

Neue Galerie am Landesmuseum Joanneum, Graz

Niederösterreich-Gesellschaft für Kunst und Kultur

Nova galerija grada Zagreba, Zagreb

Rupertinum, Salzburg

Museum Salzburg

Sammlung Gegenwartskunst der Wirtschaftskammer Steiermark, Graz

Sammlung Otto Mauer, Erzbischöfliches Dom- und Diözesanmuseum, Wien

Skupština grada Sarajeva, Sarajevo

Stadtmuseum Linz

Museum Liaunig, Neuhaus/Suha

Museum Angerlehner, Wels

Lentos Kunstmuseum, Linz

Landesgalerie Oberösterreich, Linz

Belvedere, Wien

BIBLIOGRAPHIE

Schmeller Alfred: Junge Künstler – Junge Sammler, Secession, Wien 1965

Breicha Otto, Fritsch Gerhard (Hrsg.): Aufforderung zum Misstrauen. Literatur, Bildende Kunst, Musik in Österreich seit 1945, Residenz Verlag, Salzburg 1967

Skreiner Wilfried: Ausstellungskatalog zu den 2. Internationalen Malerwochen auf Schloss Retzhof bei Leibnitz, 1967

Wolf-Schönach Erwald: Vorwort zur Ausstellung in der Galerie beim Minoritensaal, Graz 1968

Wolf-Schönach Erwald: Drago J. Prelog, Franz Ringel, Galleria „Il Cenacolo", Vicenza 1969

Breicha Otto: Denkblasen (Essay), Galerie auf der Stubenbastei, Wien 1970

Engerth Rüdiger von: Erlebnisse der Linie, Galerie auf der Stubenbastei, Wien 1971

Bischof Peter: Nichtsecessionisten in der Secession, Wien 1972

Skreiner Wilfried: Gemälde – Grafiken, Neue Galerie am Landesmuseum Joanneum, Graz 1972

Skreiner Wilfried: Österreichische Malerei 1972, Künstlerhaus Graz, Steirischer Herbst, Graz 1972

Baum Peter: Katalog 12, Galerie Schottenring, Wien 1973

Čurčić Petar: Tribina mladih, Novi Sad 1974

Baum Peter: Galerie Wella, Linz 1974

Baum Peter: Galerie Brandstätter, Wien 1976

Baum Peter: Gesellschaft der Freunde junger Kunst, Staatliche Kunsthalle Baden-Baden

Baum Peter: Positionen der Zeichnung in Österreich heute, Linz 1978

Rohsmann Arnulf: Zur Ausstellung in der Galerie im Hofstöckl, Linz 1978

Rohsmann Arnulf, Schmeller Alfred: Galerija Nova, Zagreb 1978

Baum Peter: `Sammlungskatalog 1979. Malerei, Graphik, Plastik und Objektkunst des 19. und 20. Jahrhunderts, Neue Galerie der Stadt Linz, 1979

Hauer-Fruhmann Christa, Schmeller Alfred: Galerie auf der Stubenbastei, 15 Jahre. Eine Dokumentation der Tätigkeit in den Jahren 1964 bis 1979, Wien 1979

Skreiner Wilfried: Neue Bilder, Neue Galerie am Landesmuseum Joanneum, Graz 1979

Prelog Drago Julius: Zeitspuren, Galerie Elefant, Landeck 1980

Matičević Davor: Galerija Roman Petrović, Sarajevo 1982

Fleck Robert: Avantgarde in Wien. Die Geschichte der Galerie St. Stephan in Wien 1954 – 1982. Kunst und Kunstbetrieb in Österreich, Löcker Verlag, Wien 1982

Letopis Matice Srpske (Jahresschrift), Novi Sad, Oktober 1982

Chemayeff Ivan, Baum Peter: Sammlung Mobil, Mobil Austria AG (Hrsg.), Wien 1983

Podbrecky Inge: Sammlung Otto Mauer, Graphische Sammlung Albertina, 289. Ausstellung, Wien 1983

Rohsmann Arnulf: Zur Ikonografie der ungegenständlichen Form bei Drago Julius Prelog, in: Drago Julius Prelog, Die Fantasie ist eine schlampige Sau, Wien 1985

Schmeller Alfred: Striche musizieren, in: Innovativ, Beispiele Postinformeller Österreichischer Bildkunst, Graz 1985

Grimmer Dietgard: Malersymposium Werfen 1986, Salzburg 1986

Rychlik Otmar: Zeichen und Gesten. Informelle Tendenzen in Österreich, Secession, Wien 1986

Lang Manfred M.: Drago Julius Prelog, Im Zeichen der Schlange, Wien 1987

Peichl Gustav (Hrsg.): Jugendwerke vom Schillerplatz, Wien 1988

Skreiner Wilfried (Hrsg.): Gesamtkatalog der Gemälde, Neue Galerie am Landesmuseum Joanneum, Graz 1988

Thiel Anton: Der pornographische Blick, Künstlerhaus, Salzburg 1988

Koschatzky Walter: Die Botschaft der Graphik. Sechs Jahrhunderte gedruckte Kunst, Linz 1989

Prelog Drago Julius: Ich bilde nicht ab – ich setze Zeichen. Ausgewählte Arbeiten, 1960 – 1990, Galerie Lang, Wien 1990

Weibel Peter, Steinle Christa: Identität. Differenz. Eine Topographie der Moderne, Böhlau Verlag, Wien 1992

Gehrmann Lucas: Drago Julius Prelog, in: Zur Bestandsaufnahme der Sammlung Otto Mauer, Erzbischöfliches Dom- und Diözesanmuseum, Wien 1993

Breicha Otto, Prelog Drago Julius: Drago Julius Prelog. Das druckgraphische Werk 1961–1994, Publikation der Salzburger Landessammlung Rupertinum, Verlag Hans Widrich, Salzburg 1994

Kulturverein Werfen, Museumsverein Werfen (Hrsg.): 10 Jahre Malersymposium Werfen. Eine Sammlung, 1986 – 1996 Burg Hohenwerfen, Salzburg 1996

Grimmer Dietgard (Hrsg.): Gut zum Druck. Die Mappeneditionen mit Originalgraphik für das Rupertinum, Salzburg 1997

Rohsmann Arnulf: Drago Prelog, in: Zeit/Los, Zur Kunstgeschichte der Zeit, Kunsthalle Krems, DuMont Buchverlag, Köln 1999

Assmann Peter (Hrsg.): Die Kunst der Linie, Möglichkeiten des Graphischen, Landesgalerie Oberösterreich am OÖ. Landesmuseum, Linz 2000

Maruschko Renate: Ausklang. Die letzten 13 Jahre Kulturhaus der Stadt Graz, Graz 2000

Bardella Ivano, Bonifazi Licia Gasparin (Hrsg.): Oltreconfini, Incisione Internazionale Contemporanea, Cittadella 2001

Baum Peter: Sammeln aus Leidenschaft. Die Stiftung Hellmut und Norli Czerny in der Neuen Galerie der Stadt Linz, Linz 2002

Gugg Anton: Kunstschauplatz Salzburg. Lexikon zur Malerei, Skulptur, Grafik und Fotografie seit 1945, Salzburg 2002

Prelog Drago Julius: Lesebuch für alle Steirerinnen und Steirer, Steirische Verlagsgesellschaft m.b.H., Graz 2003

Heilingsetzer Semirah (Hrsg.): Die Galerie „Zum Roten Apfel" 1959 – 1965. Künstlerpositionen der 60er Jahre in Wien, Verlag Peter Lang, Frankfurt am Main 2003

Prelog Drago Julius: Ich gebe dem Bild die Schrift zurück, Galeria Centrum Sztuki „Solvay", 2003

Eisenhut Günter, Pochat Götz (Hrsg.): Meisterwerke der steirischen Moderne, Graz 2003

Fritz Gabriela: Drago Julius Prelog. Im Zeichen des Bildes, Klagenfurt, Ljubljana, Wien 2003

Danubiana Meulensteen Art Museum: Austrian Art. Expressive Tendenzen in Österreich seit 1960, Bratislava 2006

Galerie Magnet: Zeitgenössische Grafik, Wien 2006

NÖ. Dokumentationszentrum für moderne Kunst – ‚MITSCHRIFT', St. Pölten 2006

Investkredit Bank AG (Hrsg): Farben der Erneuerung. Die Kunstsammlung der Investkredit, Wien 2007

Museum Liaunig: Eröffnungsausstellung, Neuhaus/Suha 2008

Museum moderner Kunst Wörlen: Eins zum Anderen. Sammlung Riedl, Passau 2009

Berthold Ecker (Hrsg.): „Stark bewölkt", Museum auf Abruf, Wien 2009

Sammer Alfred: Der Blick des Sammlers, Verlag Stift Klosterneuburg, Klosterneuburg 2009

Stift Lilienfeld: Zyklus 5.0 Ausstellung. Zeitgenössische Kunst aus Mitteleuropa, Lilienfeld 2010

Museum Liaunig: Tradition und Avantgarde. Kunst aus Österreich 1945-1980, Neuhaus/Suha 2010

Leopold Museum: Wien-Ringturm Kunstsammlung VIG, Wien 2011

Museum Angerlehner: Eröffnungsausstellung, Wels 2013

Galerie im Trakl-Haus: Hier steht ein Sessel. Sessel, Hocker, Stuhl in der Kunst, Salzburg 2014

ABBILDUNGSNACHWEIS

Zoltán Apró	103
Peter Baum	89
Otto Breicha	8
Alfred Damm	286
Horst Gerersdorfer	235
Fotoarchiv Grita Insam	95
Helmut Kedro	137
Johann Klinger	265
Smiljana Kočović	268
Ernst Kratky	6, 266, 267, 268
Fotoarchiv Museum Liaunig	290, 291
Walter Malli	266, 267
Vlastimir Madić	249, 292
Fotoarchiv Galerie Marschner	266
Annemarie Miörner-Wagner	241
Atelier Neumann	226, 227, 228, 229
Reinhard Öhner	18, 117, 131, 147, 223, 237, 245, 253, 257
Jan Pastula	187, 266
Cora Pongracz	268
Drago J. Prelog	2, 93, 101, 171, 209, 211, 267, 312
Christian Ringbauer	10, 11
Franz Schachinger	bis 2004
Walter Schramm	290, 291
Kurt Zein	266

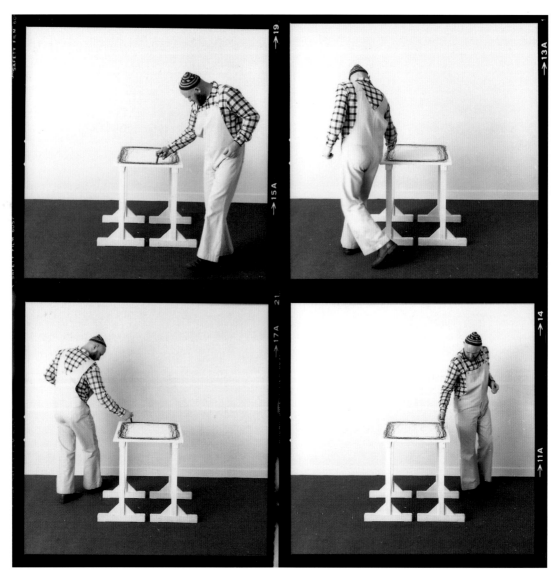

Drago J. Prelog, 1978/79

DIE AUTOREN

Semirah Heilingsetzer

Geboren 1967 in Neunkirchen, NÖ. Studium der Kunstgeschichte in Wien (Mag. phil.), Kunst- und Kulturmanagement in Gmunden/Salzburg (ICCM), 1995 bis 1998 kuratorische Assistenz in der Kunsthalle Wien, arbeitet in Wien als freie Wissenschafterin und ist im Kunstmanagement tätig. Herausgeberin und Redaktion von Kunstpublikationen, u.a. Die Galerie ‚Zum Roten Apfel' 1959-1965. Künstlerpositionen der 60er Jahre in Wien und E. Thage. Malerei zwischen Konvention und Avantgarde.

Wolfgang Hilger

Geboren 1943 in Wien, aufgewachsen in Linz. 1961/62 Jus-Studium; 1962-68 Studium von Geschichte, Kunstgeschichte und Germanistik an der Universität Wien, 1965 bis 1968 Institut für österr. Geschichtsforschung (Staatsprüfung). 1968 Österr. Staatsarchiv, 1969 bis 1978 Akademie der Wissenschaften (Historische Kommission), 1978 bis 1985 Kunstreferent bei der NÖ Landesregierung, 1985 bis 2003 Kunstreferent der Kulturabteilung der Stadt Wien (MA 7). Hon.-Prof. Dr., 2003 Pensionierung.
Seit 1983/85 Lehraufträge an den Universitäten von München und Wien, 1991 bis 2006 Lehrauftrag (Kunstgeschichte) an der Akademie der bildenden Künste in Wien (Institut für bildnerische Erziehung). 2002 Honorarprofessor der Universität Wien (für Österreichische Geschichte). – Zahlreiche Publikationen.

Martin Hochleitner

1970 in Salzburg geboren, Studium der Klassischen Archäologie (Mag. phil, 1992) und Kunstgeschichte (Dr. phil, 2002) an der Universität Salzburg. 1993 bis 2000 Mitarbeiter am Institut für Kulturförderung des Landes Oberösterreich (Leitung der Förderungsbereiche Bildende Kunst, Foto, Film, Neue Medien und Architektur), 1993 bis 2000 Leiter der Galerie im Stifterhaus (gemeinsam mit Mag. Dr. Peter Assmann), 2000 bis 2012 Leiter der Landesgalerie Linz am Oberösterreichischen Landesmuseum in Linz. Seit 2005 Lehrbeauftragter für Kunstgeschichte am Institut für Kunstwissenschaften und Philosophie der Katholisch-Theologischen Privatuniversität Linz. 2008 Universitätsprofessor für Kunstgeschichte und Kunsttheorie an der Kunstuniversität Linz. Seit September 2012 Direktor des Salzburg Museum.

Kunstinstallation in Drago Prelogs Atelier

Es sei darauf verwiesen, dass dieses Buch ausschließlich aus Eigenmitteln finanziert wurde und mit Absicht keinerlei Unterstützung durch die öffentliche Hand angestrebt worden ist.